互联网技术创新、分享经济与服务消费升级

Internet technology innovation, sharing economy and service consumption upgrading

◎曾世宏　钟　纯　著

中国矿业大学出版社

China University of Mining and Technology Press

· 徐州 ·

图书在版编目（CIP）数据

互联网技术创新、分享经济与服务消费升级 / 曾世宏，钟纯著 . — 徐州：中国矿业大学出版社，2021.12

ISBN 978-7-5646-5254-8

Ⅰ . ①互… Ⅱ . ①曾… ②钟… Ⅲ . ①互联网络－影响－服务经济－研究－中国 Ⅳ . ① F726

中国版本图书馆 CIP 数据核字 (2021) 第 257928 号

书　　名 互联网技术创新、分享经济与服务消费升级
Hulianwang Jishu Chuangxin, Fenxiang Jingji Yu Fuwu Xiaofei Shengji
著　　者 曾世宏　钟　纯
责任编辑 章　毅
出版发行 中国矿业大学出版社有限责任公司
（江苏省徐州市解放南路　邮编 221008）
营销热线 （0516）83884103　83885105
出版服务 （0516）83995789　83884920
网　　址 http://www.cumtp.com　**E-mail**: cumtpvip@cumtp.com
印　　刷 湖南省众鑫印务有限公司
开　　本 710 mm×1000 mm　1/16　**印张** 13　**字数** 213 千字
版次印次 2021 年 12 月第 1 版　2021 年 12 月第 1 次印刷
定　　价 92.00 元

曾世宏　湖南省益阳市人，湖南科技大学商学院副院长、湖南创新发展研究院原副院长、经济学教授、博士生导师。南京大学商学院应用经济学博士，中国社会科学院财经战略研究院产业经济学博士后，主要研究方向为创新与产业发展。在《经济学（季刊）》《经济学报》《财贸经济》《中国社会科学报》《湖南日报》和 *China finance and economic review* 等报刊发表各类文章100多篇，多篇被《中国人民大学复印报刊资料》全文转载和《新华文摘》论点摘编，出版服务业专著3部、创新发展研究合著5部。主持完成国家社会科学基金一般项目等多项国家和省部级课题。研究成果获湖南省优秀社会科学成果奖二等奖（独立，2022）、一等奖（排名第六，2018）。教学研究成果曾获江苏省普通高等教育教学成果奖二等奖（2007）、湖南省普通高等学校教育教学成果奖二等奖（2016）、湖南省高等学校课堂教学竞赛（2013 宏观经济学组）二等奖等奖项。

钟　纯　湖南省醴陵市人，湖南科技大学商学院博士研究生，广东易翰科技有限公司、广东绿云智联科技有限公司等多家企业创办人。主要研究方向为产业互联网及商业模式。在《经济学报》发表论文1篇，荣获第十一届湖南省社会科学界学术年会论文集特等奖。阿里巴巴创业团队早期成员之一，曾担任智慧停车独角兽企业ETCP全国销售负责人、联想集团产业智联网副总裁等职务；曾担任广东省阳江市电商顾问等社会职务。所创办项目获2015年广东省创新创业大赛决赛优胜项目荣誉，并得到广东省委领导接见。

序一

互联网技术创新驱动服务业转型升级

互联网技术对世界经济发展的影响深远。全球产业结构开始了新一轮的调整升级，知识技术密集型服务业正在成为经济增长的新引擎。分享经济作为一种新的经济模式，在现代服务业的发展和资源配置中发挥着重要作用，互联网技术对推动产业转型升级与分享经济的发展也功不可没。Mathews 等（2009）以亚洲各国半导体产业为例，研究发现，在实现亚洲经济增长奇迹的过程中，科技进步能发挥重要作用主要得益于国家通过政策主导下的撬动战略，加速了信息技术的转移、扩散与快速吸收，促进了传统服务业的转型升级。这表明，“互联网”时代服务业转型升级的主要动力源于互联网技术创新。我国要提升在世界政治经济格局和国际分工中的主导性和竞争力，就必须不失时机地推动基于信息技术的移动互联网技术创新，从而推进我国现代服务业和分享经济的发展。王忠宏（2013）认为国际金融危机以来全球互联网技术创新日趋活跃，我国应抓住全球知识技术密集型服务业竞争格局变革的机遇，统筹处理好传统服务业改造提升、信息技术深度应用和新兴服务业培育的关系，以更好地实现自身发展、提升中国在全球经济增长中的地位和发展主动权。张丽雅等（2015）针对目前我国经济发展中现代服务业发展相对滞后的问题，认为必须紧紧依靠新一代信息技术对现代服务业发展的促进作用，不断推进信息技术与服务业的深度融合。Pisano 等（2015）认为在移动互联网技术取得重大突破后，基于互联网平台的分享经济模式能够实现传统服务供需的瞬时精准匹配，提升服务的个性化和定制化供给水平。董萍（2015）以互联网与传统服务业的融合发展为切入点，指出新一代信息技术在全球范围内驱动新一轮服务业变革正成为全球经济的新增长点，并将重构国际竞争格局，许多发达国家正积极谋划部署，力图依托信息技术和工业制造领域的深厚积累，率先建立领先优势，掌握未来发展的主导权。虽然国内外学者已经开始关注信息技术对推动产业转型的积极作用，但对于互联网技术创新推动服务业转型升级的内在机理还缺乏系统性的理论解释和政策性的建议。

“十四五”时期，我国若能更好地抓住全球新一代互联网技术竞争格局变革的机遇，加快体制机制改革创新，激发企业增长潜力，开拓市场应用空间，就有望获得较大的互联网技术创新突破、稳定的服务经济增长和较快的产业结构转型升级。互联网技术创新对服务业转型升级的重要作用主要表现在以移动互联网为技术基础的分享经济正在催生新型服务业业态和商业模式，扩大了服务交易范围，降低了服务交易成本，实现了服务供需双方的精准及时匹配。本序主要从理论上阐释互联网技术创新驱动服务业转型升级的机制与路径，并提出如何发展新型服务经济的对策。

(1) 互联网技术创新促进服务业转型升级的内在机理分析。

①信息技术与服务业深度融合。互联网是迄今为止人类所发明的处理信息技术成本最低的基础设施。互联网技术与服务业深度融合，将催生新的经济增长点。尤其是随着移动互联网的发展，信息传播打破了以往的传递层级，避免了人工处理数据的主观弊端和遗漏风险，使得即时性和互动性大大增强。全球的信息资源能够得到合理的组织运用，从而推动服务业转型升级。

随着全球产业结构由“工业型经济”向“服务型经济”的快速转型，全球化和专业化分工更加促进了现代服务业的发展。面对当今国际形势，我国服务业发展正处于新兴业态与商业模式演化的关键时期。我国需要加快现代服务业与新一代信息技术的深度融合，依托现代信息技术和互联网技术创新，推进高技术服务业、生产性服务业和分享经济发展，带动传统制造业服务化和传统服务业高端化。面对严峻的经济形势，政府大力推行“互联网+”行动计划，重点促进大数据、云计算、物联网为代表的新一代信息技术和现代生活性与生产性服务业的融合创新，培育分享经济新模式、打造新的经济增长点，为“大众创业、万众创新”提供开放的环境，为经济服务化转型升级提供有力支撑。根据对世界经济服务化发展趋势的预测，未来20年移动互联网、云计算、大数据、物联网、区块链技术等将与服务业发展紧密结合。

②互联网技术创新促进分享经济发展。分享经济是未来服务业升级的主流商业模式。由于经济形态与产业结构的变动对资本存量隐含价值有了新追求，大数据与移动网络技术变革对商业模式创新升级提出了新要求。同时，软件平台化与终端化的出现增加了个性化、便捷化与智能化的服务消费需求。分享经济作为服务经济的新商业模式，随着移动互联网技术创新应运而生。互联网技术创新为服务业转型升级提供了抓住时机的工具，也是分享经济发展的原动力，并最终推动各种服务业态全面转型。以移动互联网技术为基础的分享经济主要从以下三个方面促进服务业转型升级。

第一，分享经济促进服务供给机制创新。目前，供给机制的不完善是阻碍我国服务业发展的关键点。分享经济是互联网技术下发展起来的新模式，为服务业的供给机制创新提供了便利。夏玉珍等（2014）认为分享经济能够以信任和合作为组织间的核心协调机制，以政府、市场、社会如何基于一定的集体行动规则进行互动博弈作为其探讨的主题，为服务业供给机制的重构提供了新的解释框架。Christina等（2015）认为分享经济平台有利于服务消费渠道的扩展，为服务供给机制创新提供了机会。分享经济模式主要就是运用移动互联网技术平台，实现服务供需及时精准的匹配协调，提升服务供给效率。移动互联网技术创新带来的分享经济模式对治理服务供给缺口也提供了新的解决方案。

第二，分享经济促进服务消费环境改善。服务消费的典型特征是服务提供者与消费者的时空同一性。服务消费没有发生之前，消费者不能进行体验和评价。服务消费更容易存在信息不对称带来的各种机会主义行为。随着我国进入服务消费新时代，服务消费中的信息不对称问题日渐突出。分享经济的成长为解决目前服务消费过程中的信息不对称问题提供了便利。Adda等（2014）认为分享经济模式改变了传统商业竞争环境和准则，将孕育新型服务消费环境下的商业竞争准则。王晓玲等（2015）提出我国现代服务业发展要借力“互联网+”以及分享经济平台实现升级，并为服务商业模式创新提供信息技术的支撑。

第三，分享经济促进服务消费机制创新。移动互联网技术创新催生的分享经济新商业模式，能够及时收集、整理、传输与分析服务营销与服务消费过程中的大数据。大数据能够精准反映服务消费活动规律和服务创新要求，为推动服务业消费机制创新提供重要的信息基础。李淑娟（2015）分析了服务消费增长的内生动力与产业诱导效应，验证了信息技术创新、互联网渗透、网络平台等因素对服务消费的影响，认为互联网技术创新是网络时代服务消费迅速增长的主要引擎。

③互联网技术创新突破服务业升级瓶颈。随着部分发达国家经济增长动能转换，我国传统服务业转型升级迫在眉睫。但针对中国服务业发展目前存在的服务消费质量参差不齐、生产性服务业发展相对缓慢、公共服务供给效率相对低下等瓶颈问题，互联网技术创新通过其自身优势为突破我国服务业升级的瓶颈提供了可行之道。

第一，互联网技术创新提升生活性服务业消费质量。由于服务消费的时空同一性特征，服务供需双方的信息不对称，这可能导致服务消费进程中的逆向选择和道德风险等机会主义行为。互联网技术创新驱动的服务平台型消费能够便于服务提供商收集消费者的个性化消费偏好大数据，以及时提供定制化的服务消费，也能够及时收集消费者对服务提供商的服务质量评价，从而及时调整服务态度，提升服务质量，有效克服由于信息不对称带来的服务消费机会主义行为，提升生活性服务消费质量。

第二，互联网技术创新促进生产性服务业与先进制造业融合发展。生产性服务业作为现代生产的中间性投入，其知识技术密集型以及智能化和信息化特征能够提升生产效率。基于互联网技术创新催生的生产性服务新业态，能够将生产活动变成线下与线上相结合，实现研发设计、检测检验、品牌营销、售后服务的网络化和智能化，加快制造服务化进程。利用互联网技术创新的大数据收集计算优势也能够实现生产和销售的个性化和定制化服务，以及研发、生产、销售和售后服务等过程资源的共享。

第三，互联网技术创新提升公共服务供给效率。基于移动互联网技术创新的分享经济模式能够改变教育、医疗、卫生、养老、交通等公共服务资源配置方式，提升服务公共供给效率，有效治理公共服务供给缺口。首先，分享经济新模式改变了传统公共服务的供应链模式，能够有效配置闲散的公共服务资源，使公共服务供给方从单一走向多元，从竞争走向合作，提高公共服务的供给效率。其次，分享经济新模式能够及时精准地匹配公共服务消费的供需信息，实现公共服务消费的智能化、便捷化和个性化，减少公共服务供给的交易成本和供给成本，节约服务交易费用。

(2) 互联网技术创新推进服务业转型升级的方向及路径。

①服务业转型升级方向。"互联网"时代各国政府主动进行产业结构调整，推动服务业转型升级。徐盈之等（2012）指出控制并主导核心技术和标准是主导服务业价值链的关键。徐从才等（2012）也指出抢占服务业价值链的制高点必须加强核心技术的研发和标准战略的实施，通过自主创新或引进吸收再创新等多种方式，结合自身或联盟资源优势进行大规模技术创新，获取尽可能多的基本专利，进而实现对整个服务业链的主导与控制，促进服务业和经济发展形态由低层次到高层次的过渡。Humphrey 等（2001）认为通过嵌入全球价值链可以实现国内价值链升级，要推进国内服务业转型升级，必须研究全球价值链的治理模式以及国内价值链嵌入全球价值链的途径。在全球价值链治理模式中，创新和市场是服务业结构调整的两个杠杆，即服务业转型升级一方面要靠技术创新，另一方面要靠市场驱动。

由此可见，服务业未来的升级方向是以技术化与标准化为中心的。在经济新常态的环境下，我国经济发展的着力点由速度转向结构。与此相应，我国服务经济增长也应由片面追求服务经济总量增长转向服务业内部结构优化，由此来实现服务业转型升级。服务业结构定位应由比较优势转向竞争优势，通过服务创新来培育服务业新竞争优势。

未来，我国服务业竞争优势的培育主要有五个方面。一是服务业智能化。智能化服务是服务业转型升级的重要方向，通过物联网和互联网技术创新可以实现产品服务化和服务智能化。二是服务业高端化。随着服务消费档次上升和企业生产成本降低的需要，知识和技术密集型服务业得到显著发展，从而实现了服务业内部结构的升级。三是服务业个性化。随着消费者偏好越来越个性化，定制化服务逐渐成为服务消费潮流。四是服务业品牌化。即通过品牌来提高服务业附加值和市场竞争力。五是服务业国际化。即积极主动地嵌入全球价值链，参与服务业分工协作，分享全球分工协作利润，实现国际化服务。

② 互联网技术创新促进服务业转型升级的路径。

第一，互联网技术创新促进消费服务转型升级。消费是拉动一国经济发展的重要动力。互联网的快速发展促进传统消费由单一化和局部化的模式转为多样化和全球化模式。互联网技术创新促进消费服务转型升级具体表现在以下三个方面。一是更有利于优化服务消费偏好。互联网消费能够给消费者提供更加及时和安全的产品信息，消除了消费者和售卖者之间的信息不对称，优化了消费者偏好。二是更有利于节省服务消费成本。互联网购物具有商品种类多、购物成本小、购物时间自由等优势，可节省消费者成本；同时，互联网消费可实现更有序的管理和更有效的运营及盈利模式，节省管理者成本。三是更有利于开拓服务消费市场。运用物联网、云计算和移动互联网等技术创新，积极推动互联网技术在工业、农业、交通、教育、养老、医疗、护理、公共事业管理等领域的应用，会培育出更具典型示范意义的服务平台消费新市场。总之，随着互联网技术创新，信息传播更加及时、安全和便捷，平台经济能够弥补传统消费服务的许多缺陷，实现智能化、个性化、专业化和便捷化。

第二，互联网技术创新促进生产服务转型升级。云计算、大数据、智能机器人等互联网技术创新可以推进生产过程的服务化，互联网技术创新促进生产服务转型升级具体表现在以下三个方面。一是利用互联网技术可以实现产品研发过程的智能化。运用互联网技术可以自动收集整理分析产品的性能数据，根据消费者偏好及时修改产品的性能参数，研发设计更符合用户要求和政策标准的产品。二是利用互联网技术可以实现产品生产过程的智能化管理。生产智能化能够实现传统单一化与批量化的生产方式转向多样化与分散化的生产方式，使得大规模个性化定制成为可能，使用无线传感器可及时精确地获取产品信息并根据参数变化适时调控系统，确保产品生产过程安全健康。三是利用互联网技术可以实现产品流通过程的智能化监控。利用互联网技术可以实现在不同地域开辟新的生产、加工和仓储基地，对产品流通过程和产品质量信息进行可视化调控，能方便地完成多种类、大规模产品的远程连锁智能销售。

第三，互联网技术创新促进公共服务转型升级。随着我国城市化和人口老龄化进程加快，教育、医疗、养老等基本公共服务供给出现较大缺口。其中的一个重要原因是公共服务资源配置效率不高。利用互联网技术创新带来的分享经济模式，可以提高公共服务资源配置效率，促进公共服务转型升级，具体表现在以下三个方面。一是互联网技术创新更有利于分析区域公共服务需求偏好。通过设计网上问卷调查，及时收集到区域公共服务的需求意愿和消费偏好，促进基本公共服务均等化配置。二是互联网技术创新更有利于公共服务的个性化和智能化供给。通过利用现代互联网通信技术可以实现公共服务消费信息的即时交换、传递和监控；通过互联网终端，可以实现公共服务的智能化供给。三是互联网技术创新更有利于提高公共服务资源配置效率。通过网络平台，消费者可以更好地对公共服务质量进行评价，政府部门可以根据公共服务质量选择更加合适的公共服务提供商，从而提高公共服务资源配置效率。

(3) 运用互联网技术创新促进服务业转型升级的对策

互联网的发展冲击了原有的分工协作体系，企业边界变得越来越模糊。传统服务企业受到了业内、跨界双面挑战。一些新兴企业运用互联网新技术实现“过顶传球”，改变了原有的竞争规则，给传统服务企业带来危机感。在“新常态”发展环境下，我们应该站在服务业全球价值链视角对服务业转型升级进行系统布局，以开放、融合、用户至上等互联网思维为指引，以互联网引领服务业价值链体系重构，在“凤凰涅槃”中奋力实现发展飞跃。下面主要从企业和政府两个角度为互联网技术创新促进服务业转型升级提供对策分析。

①传统服务企业应积极迎合互联网技术创新，导入“互联网+”新元素。企业作为经济发展的微观市场主体，企业行为在更大程度上决定了国家宏观经济发展绩效。在“互联网+”背景下，互联网技术与传统服务业深度融合，催生了分享经济等新经济模式，提升了服务资源的配置效率。服务企业应积极主动运用互联网技术，促进传统服务业与互联网技术的深度融合，积极打造现代服务的互联网消费平台，促进分享经济发展。信息技术是互联网发展的灵魂，服务企业应该增加对信息、软件、数据处理等信息技术的业务培训，大力引进或培训现代信息技术应用型人才，提升企业自身信息技术与传统服务内容的融合度。在分享经济和平台经济的发展趋势下，服务企业应该不断提高自己的信息技术融合能力，构建符合行业特征和市场需求的特色分享经济平台，扩大平台的品牌效应。

商贸、流通、餐饮、住宿、医疗、养老等传统服务业应该勇于尝试管理、营销、服务为一体的分享经济新模式，促进企业自身服务效率提升。重点依托移动互联网技术，开发特色应用软件，形成特色专业分享经济平台。同时发展形成以商品交易为主要方式、以现代物流为依托、以金融及信息等服务为保障的线上线下融合的大宗商品现货交易电子商务平台，利用分享经济推动传统服务业转型升级。

②政府应为互联网技术创新与分享经济新模式推广提供完善的保障机制。

第一，积极打造金融、服务与科技三链融合的生态链，加大对互联网企业及分享经济平台型企业的信贷支持。政府应鼓励设立互联网创业投资机构和服务业投资基金，吸引国内外资金投向互联网应用领域；鼓励金融机构加大对互联网企业、分享经济平台企业的技术创新金融支持力度。同时，结合网络信贷平台创建“无担保、无抵押、批量化”的信用授信模式，解决中小型科技服务企业和互联网企业、分享经济平台企业的融资难问题。

第二，重点打造传统服务行业及中小服务企业转型升级的公共服务云平台，强化示范效用。政府应集中多方资源，设立互联网技术人才创新创业基金，构建创新创业平台。重点围绕传统服务业布局，建设一批重点行业和互联网应用服务云计算数据中心，加快建设中小企业公共服务云平台，为中小企业提供优质低价的公共服务云平台，提高服务企业互联网技术应用能力，促进传统服务企业转型升级。

第三，加快构建“互联网+”服务业创新区和创新型企业集群，发挥我国服务业优势，联动打造互联网创新经济带。鼓励改造项目用地，集聚发展电子商务、移动互联网服务等新业态，打造智能服务业创新区。构建“互联网+”服务业创新平台，加强网络技术成果服务业化。在批发零售、旅游会展、餐饮住宿等传统服务行业，升级打造成“互联网+”创新型服务企业集群，带动中小型服务企业升级。

曾世宏

2021年10月28日

序二
大力推进数字经济时代的服务消费升级

我的2011级博士毕业生曾世宏教授邀请我为其新著作序，我欣然答允。一方面，该领域的研究具有很强的现实意义；另一方面，曾世宏教授博士毕业后一直在服务经济领域辛勤耕耘，并取得了较多的科研成果，我感到尤其高兴。

大家都知道，服务经济早已占据我国国民经济总量的半壁江山。据《国家统计年鉴2021》的发布数据，从2012年开始，我国第三产业的生产总值比重(按当年价格计算)就超过了第二产业的生产总值比重。不但如此，从2015年开始，第三产业的生产总值比重首次超过国内生产总值的50%，2020年达到了54.5%。进入新世纪以来，第三产业的生产总值年平均增长速度也高于第二产业的生产总值年平均增长速度。改革开放以来，第三产业的就业吸纳年均增长速度就显著高于第二产业的就业吸纳年均增长速度，成为了名副其实的就业增长“吸纳池”。

服务业对经济增长的贡献主要表现在二个方面：其一，生产性服务业作为制造业的中间性投入，已经成为推进制造业高质量发展的必不可少的“润滑剂”。其二，生活性服务业作为服务消费的载体，已经成为满足人们追求日益美好生活需要的重要“推进剂”。但大部分传统服务消费具有时空同一性特征，需要面对面交流。因此突发公共卫生事件很容易对传统服务消费产生冲击，进而影响经济增长。从经济统计数据来看，2020年城镇居民人均服务性消费支出比2019年减少了11.13%，农村居民人均服务性消费支出也减少了1.9%。但随着移动互联网等数字技术的普及性应用，借助互联网平台和手机移动端的应用程序，线上服务型消费增长幅度较大，特别是信息服务类消费增长势头较快，这部分抵消了疫情对服务消费的逆向冲击。并且，依靠各种互联网平台的分享经济新业态、新模式也部分抵消了突发公共卫生事件对传统餐饮、教育培训、娱乐等接触式服务消费的逆向冲击。

曾世宏教授的新著《互联网技术创新、分享经济与服务消费升级》是在其主持的2016年国家社科基金一般项目“互联网＋背景下分享经济促进我国服务消费升级的机制研究”课题结题报告基础上修改而成的。该课题具有较强的前瞻性。翻阅手中即将付梓的书稿，我感觉到了曾世宏教授对服务经济研究的与时俱进。该书稿共分为十章。第二、三、四章从学理上阐释了分享经济演化及其在“互联网＋”背景下的成长机理、分享经济促进公共服务消费升级的实现机理以及分享平台消费参与的影响因素和政策设计。第五章作为承上启下的章节，进一步从现实出发，说明了我国消费结构的服务化和平台化特征，为下文的实证检验做铺垫。由于平台消费数据获得的限制，第六章和第七章只能从理论和实证层面进一步论证互联网技术普及对服务消费升级的作用机制和实现机制。第八章和第九章从产业规制和产业政策视角分别论证了双边平台服务消费的安全规制以及促进分享经济健康发展的运行机制。第十章是总结性评论和研究展望，进一步提出了数字技术条件下服务消费升级需要研究的新课题。不难看出，全书结构较为完整，内在逻辑性也较强。该书稿的出版具有较强的现实意义和理论意义，特别是对疫情冲击背景下如何促进服务消费升级具有较强的政策参考价值。

该新著的出版也为曾世宏教授继续研究数字经济时代如何促进服务业发

展拉开了序幕。希望曾世宏教授再接再厉，预祝取得更好的研究成果！

斯为序！

郑江淮

于南京大学安中楼

2022年6月

目　录

第一章 绪 论

第一节 研究背景与研究意义

一、研究背景

人类历史上每次出现的新技术革命，将推动那个时代的经济体制和社会结构发生深刻变化（施瓦布，2016）。其主要的原因为新技术被成功运用于商业世界时能显著推动产品创新、服务创新、流程创新和商业模式创新，从而创造出新产业和新的经济业态。这就是科技成果的产业化进程，也是熊彼特式的创新过程。人类已经经历的三次产业革命充分证明了科技创新改变商业世界的规律。

目前，人类正在经历第四次科技革命。此次科技革命是第三次科技革命的延续和深化，开始于20世纪末21世纪初。此次科技革命是以第三次科技革命的计算机和互联网为基础，随着数字革命的基础上发展而来的，特别是移动互联网、大数据和云计算技术的深度融合催生了智能制造、智能服务、分享经济、平台经济以及数字经济等新产业、新业态和新商业模式，即“三新”经济。

数字技术作为一种使然技术或者通用技术，其第一个特点是广泛传播性，技术扩散速度极快，应用覆盖领域极广；第二个特点是计算高效性，能显著改善数学计算性能，提升平台供需匹配效率，提高价值创造活动的生产率。这两个方面的特性有力推动了互联网经济中的创新和创业活动（霍尔 等，2017）。

数字技术革命推动的创新和创业活动，其速度和规模都超过前三次科技革命，对生产和生活带来的深度变革主要表现在给传统产业、行业和商业模式的发展带来颠覆性影响，系统改变人类生产、交换、消费和分配的经济活动。

数字化意味着自动化、智能化和跨界融合。数字经济意味着数字产业化和产业数字化。数字技术改变了传统企业的组织形式，产业组织边界模糊，企业组织边界扩大，企业市场竞争策略不再以产品价格和产量为竞争目标，数字企业的边际生产成本几乎为零，信息商品的储存、运输和复制成本也几乎为零，技术型企业对土地和资本等传统生产要素的依赖性程度降低。不同学科和发明成果之间的融合和产业化更为普遍。生产、交易和消费的平台效应将更加显著，由此带来分配领域的不平等将成为系统性挑战（施瓦布，2016）。

新一轮技术革命将对生产和生活带来颠覆性影响，为未来的商业创新活动开辟新道路。我国经济也将进入如波特所言的由要素驱动和投资驱动转变为创新驱动发展阶段（波特，2007），创新驱动和“互联网+”相继上升为国家发展战略。

什么是“互联网+”？尽管学术界并没有形成一个统一的概念界定，但在政府工作报告和互联网领军企业的研究报告中都有相应的概述。国务院《关于积极推进“互联网+”行动的指导意见》明确指出：“互联网+”是把互联网的创新成果与经济社会各领域深度融合，推动技术进步、效率提升和组织变革，提升实体经济创新力和生产力，形成更广泛的以互联网为基础设施和创新要素的经济社会发展新形态。阿里研究院在《阿里研究院“互联网+”研究报告》中将“互联网+”概述为：以互联网为主的一整套信息技术（包括移动互联网、云计算和大数据技术等）在经济、社会生活各部门的扩散、应用过程。马化腾在《关于以“互联网+”为驱动　推动我国经济社会创新发展的建议》中将“互联网+”概括为：以互联网平台为基础，利用信息通信技术与各行业的跨界融合，推动产业转型升级，并不断创造出新产品、新业务与新模式，构建连接一切的新生态（马化腾 等，2015）。

从以上叙述中，我们可以进一步梳理出“互联网+”的深刻内涵：第一，“互联网+”是以互联网为主的一整套现代信息技术创新为基础推动的新一轮产业革命；第二，这套信息技术创新与经济社会各领域深度融合，进一步推动创新型经济发展；第三，智能制造、智能服务、分享经济、平台经济、数字经济等创新型经济形态都是“互联网+”的具体演化形式。

“互联网+”为什么能成为国家发展战略？一是因为主动融入第四次科技革命推动产业转型升级的发展需要。正如前文所言，第四次科技革命主要是基于互联网为基础的数字技术革命，这次数字技术革命在产业经济发展中催生了新产业、新业态和新商业模式。数字技术革命首先直接带动了人工智能产业的发展，比如智能产品制造产业、智能服务设备产业、大数据与智能决策产业；其次是互联网与传统产业的融合催生了新业态，特别是互联网对传统制造、交通运输、教育、医疗、养老、通信、住宿、租赁、餐饮等行业的转型升级具有变革性意义；再次是以互联网为基础的数字技术革命催生了新商业模式。分享经济模式就是这种新商业模式的典型代表。二是由于抢占技术制高点和提升国家竞争力的战略需要。创新驱动发展关键是科技创新。未来引领国家创新发展和提升国家竞争力的关键核心技术之一就是数字技术。数字技术是实现智能制造和智能服务的关键技术，只有在数字技术领域实现了自主研发和自主创新，才能在国家创新驱动发展道路上掌握主动权，增强国家核心竞争力。三是互联网技术有助于消费升级，培育新经济增长点。转变经济增长方式是实现创新驱动发展的必然要求，要改变主要依赖传统要素投入和基础设施投资来拉动经济增长的方式就必须实现经济增长的新旧动能转换，其路径之一就是要大力培育新经济增长点以缓解人民日益增长的美好生活需要和不平衡不充分的发展之间的矛盾。人们对美好生活的需要更多地体现为对优质公共服务供给的需要。随着收入水平的提高，人们对传统或低端的物质品消费需要会相对降低，更多地转向对智能产品和智能服务的需要，特别是能提高人们满足感和幸福感的教育、医疗、养老、娱乐、休闲等幸福产业的服务消费需求。

二、研究意义

正是基于以上选题背景，本书着重研究“互联网+”背景下分享经济促进公共服务消费升级的机制。通过该研究，预期实现以下两方面的价值。

一方面，本书将系统梳理和吸收古典经济学、新古典经济学和新兴古典经济学以及产业组织理论的相关原理，提供分享经济促进公共服务消费升级的分工经济学理论分析框架，并运用重构的理论框架去解释分享经济促进公共服务消费升级的内在机理和服务业发展规律，预测和评价分享经济促进公共服务消费升级的前景和绩效，并从产业规制的视角系统提出其保障机制，丰富与发展已有的服务经济学理论。

另一方面，本书研究将为经济新常态下各级政府职能部门推进供给侧结构性改革，在“十四五”时期深度推进我国分享经济发展、增加公共服务供给提供系统的理论支撑和政策参考；同时，本书研究也有助于公共消费服务领域的创业型企业充分了解分享经济的成长演化规律、运作模式和政策导向，进一步规范和引导公共服务领域基于协同消费模式的大众创业和万众创新市场行为。

第二节　选题依据与文献述评

一、国内外相关研究的学术史梳理及研究动态

（一）“互联网+”与分享经济的国内外研究动态

1. 分享经济的内涵演变

分享经济的最初思想源于18世纪末，当时的学者从资本主义财富分配角度提出通过产权的重新配置达到企业收入的重新分配。马丁·魏茨曼系统提出分享经济理论，使分享经济学成为从收入分配角度去解释资本主义经济制度的

经济学科（安宇宏，2015）。随着互联网技术的发展，分享经济的内涵从最初的企业所有权让渡拓展到借助互联网平台实现社会闲置资源重新优化配置的平台经济。协同消费作为分享经济的一种表现形式，其概念最初由 Felson 等（1978）提出，并经 Botsman（2011）系统阐释后开始广为流传。国外学者关于分享经济的定义是演化的，分享经济仍然是解释怎样联系未来经济、环境和社会问题的商业思维蓝图（Daunoriene et al.，2015）。国内学者把分享经济定义为以开发利用社会闲置资源为目的，让参与者互利互惠的新经济业态。

2. 分享经济的特征与作用

分享经济强调物品使用权而淡化物品所有权，通过对互联网平台系统的设计和管理，实现非货币形式的协同消费，能够解决产能过剩的经济困境（Harvey et al.，2017）。尽管潜在竞争者之间关系紧张，但通过协作共享可以稳定区域不确定性，从而解决价值消散难题（Scaraboto，2015）。国内学者认为分享经济为我国提倡的"大众创新，万众创业"的发展理念提供了一个极佳的实现平台（李亚玲，2015），主要用于解决要素闲置与有效需求得不到满足、市场竞争不充分、阻碍优胜劣汰以及结构调整等问题（黄天龙 等，2015）。

3. 分享经济的实现条件

分享经济的实现条件具有潜在变动性，互联网技术能够促进资源共享，有助于分享经济成长（Richardson，2015）；法律制度能够保障分享经济要求的相关互联网技术，以及其组织形式、分配制度和财产权（Morgan et al.，2015）；消费者的重复选择权直接决定分享经济成长（Hamari et al.，2016）。移动互联网平台技术创新是分享经济成长的重要影响因素，社会信任、网络平台、数据驱动以及交易成本等因素是分享经济运行的基础（刘国华 等，2015）。

（二）分享经济与公共服务消费的国内外研究动态

1. 分享经济改变公共服务消费环境

分享经济模式改变了商业竞争环境和准则，培育了公共服务消费平台

（Adda et al.，2014）。分享经济平台有利于公共服务消费渠道的扩展（Christina et al.，2015）。姜奇平（2015）分析了“互联网 +”背景下中国分享经济的未来发展形态。王晓玲等（2015）提出我国现代服务业要借力“互联网 +”以及分享经济平台实现转型，构建了公共服务创新模式的分析框架。

2. 分享经济提升公共服务消费效率

消费者对分享经济平台的满意度、信任和承诺能够强化公共服务消费忠诚度（Sun et al.，2015）。分享经济平台能够为不同的细分市场提供完全定制化的公共服务，促进供需及时匹配协调，提高服务消费效率（Pisano et al.，2015）。夏杰长等（2014）研究了中国城镇居民公共服务消费问题，提出了城镇化与公共服务消费的理论假设，测度了公共服务消费需求弹性，分析了公共服务消费增长的内生动力与产业诱导效应，实证检验了城市化、习惯性偏好与人口结构等因素对公共服务消费的影响。

3. 分享经济促进公共服务消费机制创新

李淑娟（2015）分析了基于分享经济平台的公共服务创新发展与公共服务消费升级的影响因素，提出了现阶段我国互联网信息服务业管制策略。有学者认为（Li et al., 2014），基于时间的网络定价模型不需要改变客户端的软件、硬件或者协议也能够增强互联网服务提供商的盈利能力。

二、文献述评

国外学者较早运用网络产业组织理论和实证检验方法研究了互联网对服务供给和服务行业创新的影响。近年来，随着移动互联网技术的运用和平台服务公司的出现，基于协同消费的分享经济现象再次成为理论研究的热点。仔细研读国内外相关文献，可以发现目前对分享经济与公共服务关系的研究还缺乏理论解释深度、规范实证检验和系统对策建议，特别是如何在“互联网 +”背景下发展分享经济来促进公共服务消费升级、治理公共服务缺口，国内外文献还比较缺乏。本书力图构建“互联网 +”背景下发展分享经济促进公共服务消费升级的理论分析框架、运用中国数据进行实证检验，并提出可操作的对策建议。

第三节 研究对象与研究内容

一、研究对象

本书的研究对象是“互联网 +”背景下分享经济促进公共服务消费升级的机制，其中“互联网 +”是指互联网普及或互联网平台与传统产业的有效融合；分享经济是指充分借助网络等第三方平台，基于闲置资源使用权（资产或技能）的暂时性转移，实现生产要素的社会化，提高存量资产的使用效率以创造更多的价值，促进社会经济可持续发展的一种新型商业模式，而不是指传统意义上的利润共享；公共服务消费升级主要是指为满足公民生存与发展需要所直接提供的教育、医疗、养老、通信等基本公共服务在消费数量、结构、质量与效率上的提升。

二、研究内容

本书围绕“互联网 +”背景下分享经济如何促进公共服务消费升级，重点探讨分享经济演化及其在“互联网 +”背景下的成长机理，分享经济促进公共服务消费升级的实现机理与国外经验，分享经济促进我国公共服务消费升级的影响因素与保障机制，以及分享经济促进我国公共服务消费升级能力实证检验等内容，具体为以下六个方面。

（一）分享经济演化及其在“互联网 +”背景下的成长机理

（1）分享经济起源与发展的经济学理论解释。其包含分享经济演化进程以及演化成因的经济学机理、不同时代背景下分享经济发展的差异化特征以及“互联网 +”背景下分享经济的新内涵。

（2）“互联网 +”背景下分享经济成长的动力机制。其包含移动互联网技术变革对商业模式创新升级的新要求、软件平台化与终端化对便捷化公共服务消费需求增加的新促进、经济形态与产业结构变动对资本存量隐含价值的新追求。

（3）“互联网 +”背景下分享经济成长的路径依赖。其包含社会消费心理和消费文化对分享经济模式的认同感与参与度、城市化与人口流动对分享经济成长的促进度、环境资源匮乏对经济模式转型升级的倒逼度、传统经济与分享经济之间的博弈度。

（4）“互联网 +”背景下分享经济成长的协调配置机理。其包含“互联网 +”背景下分享经济平台的供需机制建设、市场调节下分享经济模式的信任机制建设、宏观调控下分享经济模式的规范机制建设。

（二）分享经济促进公共服务消费升级的实现机理

（1）分享经济促进公共服务消费理念升级机理。其包含供应链变革对公共服务消费观念的影响、商业模式创新对公共服务消费观念的带动、信任机制完善对公共服务消费观念的作用。

（2）分享经济促进公共服务消费需求升级机制。其包含运营商协同消费的道德风险识别、居民参与共享模式的意愿度、消费者对新商业模式的认可度、厂商实现服务资源的共享度。

（3）分享经济促进公共服务消费质量升级机制。其包含分享经济商业价值链变革促进公共服务消费升级的效用、分享经济商业模式变革适应公共服务个性化消费需求的情况、分享经济商业原则对公共服务消费安全性的保障。

（4）分享经济促进公共服务消费效率升级机制。其包含公共服务平台建设为公共服务消费升级带来的新机遇、协同消费模式实施为公共服务服务消费升级带来的新动力、互联网技术创新对服务消费供需及时匹配带来的新便利。

（三）分享经济促进我国公共服务消费升级的影响因素分析

（1）社会诚信体系不健全和契约精神匮乏导致的抑制效应。其重点探讨供需双方契约精神缺乏、个人征信系统建设不完善、交易评价体系不健全、第三方互联网平台交易支付不安全等因素。

（2）分享平台生态系统不健全和共享服务渠道体系不完善导致的滞后效应。其重点探讨数据处理技术不成熟、大数据库建设落后、供需数据不匹配、第三方交易支撑平台不健全、商务云服务管理体系不完善、平台担保体系不合理等因素。

（3）分享经济模式跨区域市场复制的壁垒效应。其重点探讨市场进入的在位者阻碍、地方政府的贸易保护、平台要素垄断与市场口碑撕裂效应难复制等因素。

（4）公共服务平台消费升级的约束效应。其重点探讨使用权和所有权相分离的平台服务消费法律保障、平台服务交易的偷税漏税监管、平台服务创新的知识产权保护以及平台服务消费交易数据的安全保障等因素。

（四）分享经济促进我国公共服务消费升级机理的实证检验

（1）实证检验方法的确定。其包含分享经济促进公共服务消费理念、消费数量、消费质量和消费效率等四个层次实证检验的理论假说论证和实证检验方法的选择。

（2）各类变量指标的选择与数据获取。其重点探讨从经济、环境、社会和技术等维度构建分享经济成长能力综合指数作为主要解释变量，以公共服务消费理念升级、消费数量升级、消费质量升级和消费效率升级作为被解释变量，以影响因素作为控制变量的各类代理变量选择、数据的获取来源与获取方法。

（3）计量检验模型的设定与检验结果分析。其重点探讨实证检验模型的设定，计量回归方法的选择、解决模型内生性问题的工具变量选定、检验过程和检验结果的稳健性分析以及回归结果的经济学解释等。

(4) 分享经济促进我国公共服务消费升级的能力预测。其重点预测“十四五”时期分享经济成长促进我国公共服务消费持续升级能力的区域差异，总结分享经济成长促进我国公共服务消费升级存在的共性与区域问题。

（五）分享经济促进公共服务消费升级的国外经验总结

(1) 国外分享经济成长进程分析。其重点分析典型发达国家和地区分享经济的演化进程、成长规模及未来发展方向。

(2) 国外促进分享经济成长的市场规范机制分析。其重点分析典型发达国家和地区促进分享经济成长的市场进入激励、市场竞争政策以及相关的反垄断法律制度等。

(3) 分享经济促进服务消费升级的典型案例分析。其重点探讨分享经济发展模式下 Uber 与 Airbnb 等公共服务消费平台型企业的运行机制以及运行效率。

(4) 国外分享经济促进服务消费升级的政策比较。其重点比较运用分享经济模式进行公共服务领域创新创业的最优服务价格、财税、金融、平台、技术和人才支持政策。

（六）分享经济促进我国公共服务消费升级的保障机制分析

(1) 公共服务协同消费理念转变的引导机制。其重点探讨公共服务分享消费文化培养、用户分享消费习惯培养、用户诚信消费的理念培养、信息资源分享和开放理念培养等。

(2) 公共服务协同消费模式升级的政策保障体系构建。其重点探讨公共服务平台交易保险法规政策制定、科技评价和知识产权保护体制完善、科技成果使用处置和收益管理制度建设、科研人员流动政策、促进分享经济发展的财税监管体系的建立以及个人诚信系统管理体制的建设。

(3) 公共服务协同消费平台的大数据库管理体系建设。其重点探讨数据安全体系、数据立法体系、数据标准体系以及移动互联网产品和服务质量提升激励机制的构建。

（4）公共服务协同消费模式运行的市场环境建设。其重点探讨行业准入门槛规范制度、平台交易不安全问题处理机制、市场参与的秩序治理体制以及互联网平台建设的融资体制。

第四节　研究思路与研究方法

一、研究思路

本书从党和国家“十三五”时期关注的重点现实经济问题出发，把分享经济模式引入基本公共服务供给，重点探讨“互联网+”背景下服务经济和分享经济的演化发展规律，运用数理模型研究分享平台促进公共服务消费理念、消费数量、消费质量和消费效率的升级机理，实证检验分享平台促进公共服务消费的主要影响因素以及我国互联网普及促进公共服务消费升级的现状和发展趋势，并借鉴发达国家成功经验，提出促进分享经济发展的符合中国国情的安全规制与产业发展对策。具体研究思路如图 1.1 所示。

二、研究方法

（一）数理分析法

本书发展了古典经济学、新古典经济学和新兴古典经济学中有关超边际分析方法和分工经济理论，拓展了契约经济学中的道德风险模型和网络产业经济学中的双边市场理论和长尾理论，提出解释“互联网+”背景下分享经济成长促进公共服务消费升级机理的理论假说并构建数理模型。

（二）计量统计法

设计问卷调查表，调研典型平台企业、居民家庭和政府职能部门，收集整理分享平台促进公共服务消费升级的实现机理与影响因素的相关数据，运用多项式 Logit 模型等经济计量模型对分享平台服务消费参与的影响因素进行多元统计和回归分析，预测互联网普及促进公共服务消费升级的能力。

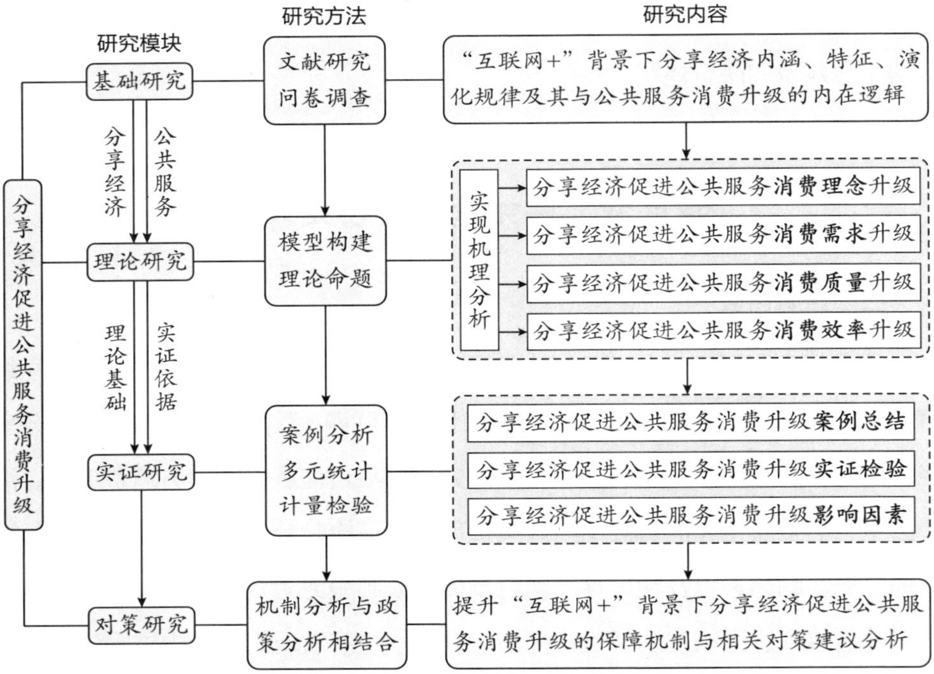

图 1.1　本书研究的基本思路

（三）案例分析法

本书借鉴发达国家和地区“互联网 +”背景下通过发展分享经济实现公共服务消费升级的成功经验，进而提出我国发展分享经济实现公共服务消费升级的保障机制与对策建议。

第五节　结构安排与创新之处

一、结构安排

本书分为序言部分和正文 10 章。

序言部分主要从总体上论述互联网技术创新推动服务业转型升级的机理、路径和对策以及推进分享经济健康发展的监管模式变革。

第一章为绪论，主要介绍本书的研究背景与研究意义，选题依据与文献综述、研究对象与研究内容、研究思路与研究方法、结构安排与创新之处，突出强调第四次科技革命的本质内涵及其对产业经济发展的重要意义。

第二章为对分享经济演化及其在“互联网 +”背景下的成长机理的理论分析，主要介绍分享经济的演化、分享经济的本质特征与配置功能、分享经济兴起的原因与条件、分享经济兴起的影响以及可能的经济学理论解释。

第三章为分享经济促进公共服务消费升级的实现机理，主要介绍“互联网 +”背景下服务消费的内涵与特征变化，分享经济协同消费模式的本质内涵以及分享经济促进公共服务消费的内在逻辑。

第四章为分享平台消费参与的影响因素与政策设计，主要运用产业组织理论中产品差异化模型论证分享平台竞争对服务消费质量的影响，并运用多项 Logit 模型对主要命题进行实证检验。

第五章为我国居民消费结构演变的服务化和平台化特征，主要运用文字和图表的方式对 2008—2019 年我国居民服务消费的水平、结构和一些典型特征做描述性统计说明。

第六章为互联网技术影响服务业发展和服务消费的机理分析，主要运用新兴古典经济学中的分工理论和超边际分析方法论证互联网技术通过降低交易费用来促进服务业发展和服务消费升级。

第七章为互联网技术促进公共服务消费升级机理的实现机制分析，进一步构建互联网技术普及影响公共服务消费的理论分析框架、运用动态面板门限模型和我国数据实证检验互联网普及影响公共服务消费的效应以及路径，并提出可操作的对策建议。

第八章为基于演化博弈的双边平台服务消费的安全规制分析，重点运用产业组织理论中的市场势力理论分析平台监管的必要性、平台监管的内涵，并用演化博弈理论和数值模拟方法论证政府对分享平台安全运行的规制含义。

第九章为促进分享经济健康发展的运行机制研究，总结了若干发达国家分享经济发展的经验并展望中国分享经济发展以及提出分享经济进一步健康发展的保障机制。

第十章为总结性评论与研究展望，主要论述人工智能和区块链技术等新一代信息技术变革可能对平台型服务消费的影响，并提出进一步研究的方向。

其中，第二章至第四章的内容主要阐释分享经济的演化规律以及分享经济与服务消费参与的关系的理论和实证分析；第五章至第七章的内容主要研究互联网技术影响服务消费的机理分析和实证检验；第八章和第九章主要从政策层面分析分享经济模式健康发展的产业规制和运行机制；第十章为全书的总结性评论和研究展望，基本的逻辑关系是互联网技术创新—分享经济演化—服务消费升级。

二、可能的创新之处

（1）本书突破了公共服务消费和分享经济研究的传统视角，从概念界定、实现机理、影响因素、案例总结、能力预测与政策建议等六个层面构建“互联网 +”背景下分享经济促进公共服务消费升级的理论分析框架。

（2）本书发展了新古典经济学和新兴古典经济学超边际分析方法和分工经济理论，构建“互联网 +”背景下互联网技术促进公共服务消费升级机理的数理模型；发展了 logit 模型对“互联网 +”背景下分享平台促进公共服务消费升级的实现机理与影响因素研究。

第二章　分享经济演化及其在“互联网 +”背景下的成长机理

第一节　引　　言

“sharing economy”一词在国内有两种翻译，一为共享经济，一为分享经济。但不管是哪种翻译，“sharing economy”一词引入中国并成为热点词汇，应该源于《2015 年国务院政府工作报告》中提及的制订“互联网 +”行动计划，推动移动互联网、云计算、大数据、物联网等与现代制造业结合，促进电子商务、工业互联网和互联网金融健康发展，引导互联网企业拓展国际市场。2015 年 7 月李克强总理签批了《国务院关于积极推进“互联网 +”行动的指导意见》。《2016 年国务院政府工作报告》首次提出：“当前我国发展正处于这样一个关键时期，必须培育壮大新动能，加快发展新经济。要推动新技术、新产业、新业态加快成长，以体制机制创新促进分享经济发展，建设共享平台，做大高技术产业、现代服务业等新兴产业集群，打造动力强劲的新引擎……支持分享经济发展，提高资源利用效率，让更多人参与进来、富裕起来。”

从政府工作报告和政策性文件的文字内涵来理解，我们不难看出现阶段政府部门强调的分享经济是作为“互联网 +”背景下的一种新经济形态。但是分享经济一词并不是现在才开始使用，早在 1985 年美国著名经济学家马丁 •L. 魏茨曼就研究了资本主义经济制度下利润分享的经济学，系统提出了利润分享的宏观经济政策（Weitzman，1985）。在作为“互联网 +”背景下的一种新经济形态之前，国外经济与管理学文献中分享（sharing）一词是作为最初的含义使用，即与他人分着享受、使用、行使、承担等，包括利润共享、收益共享、成本共享、租金共享、风险共享、责任共享等（Fitzroy et al.，1987）。在互联网时代，也有著作用分享经济一词作为研究互联网时代如何实现股东、员工与顾客共赢的标签（佩珀斯 等，2014）。

本书中的分享经济或共享经济是指作为“互联网 +”背景下的一种新经济形态，有其特殊的经济学内涵。本章主要运用相关的经济学原理探讨分享经济演化及其在“互联网 +”背景下的成长机理。

第二节　分享经济的演化

一、分享经济思想演化

首先从学术思想史的视角简要探究分享经济这一思想的起源。分享（sharing）一词的普通含义是“让对方享受自己占有的剩余资源”，在不同的语境可能具有细微的差别，如风险共同承担、物品共同占有和使用、工作共同完成、利润共同享受。在当代，众多的国内外经济学文献仍然在高频率地使用该词的共享含义，如利润共享、风险共享、工作共享、物品共享等。

分享经济的思想至少可以追溯到有剩余产品出现的原始社会末期。但那些社会形态的分享还只是限于把自己剩余或者节省的产品作为礼物馈赠给亲朋好友。商品经济出现以后，人们出于交换的目的分享自己的产品，让渡商品价值以换取其他使用价值。当然这种出于交换目的的分享也只是局限于较小的市场范围内。

奴隶社会和封建社会主要的社会生产关系是阶级对立关系，占有和剥削是主流的意识形态，这种意识形态与平等自由的分享思想格格不入，所以分享思想不可能成为一种主流的社会意识形态，分享经济形态也不能得到发展壮大，自给自足成为占有和剥削为主流意识形态下的主要经济形态。

分享经济的思想伴随着资本主义经济制度的建立不断成熟发展。虽然工人阶级和资本家是建立在资本主义生产资料私人所有制基础上的被剥削和剥削关系，但资本主义制度内重新燃烧了平等自由博爱等分享精神思想。马克思的《资本论》核心思想就是要摧毁资本主义生产资料私人占有制以及依附的榨取剩余价值的生产关系，按照参与价值创造的生产要素贡献共享剩余价值和利润分配。只不过马克思及其思想的继承者主张用阶级斗争和革命的方式重新建立一种新的社会制度来确保获取这种价值共享，即社会主义的共享价值观，共产主义的按需分配则是一种更高形态的共享价值观。

除了马克思主义学者主张用革命的办法摧毁旧的生产资料私人占有制、建立一种生产资料共同占有的社会制度来实现价值共享外，当时还有许多主张改良的学者从资本主义财富分配角度提出通过产权的重新配置达到企业收入的重新分配，其中马丁•魏茨曼系统提出了分享经济理论，使分享经济学成为从收入分配角度去解释资本主义经济制度的经济学科（安宇宏，2015）。

随着互联网技术的发展，分享经济的思想从原有的生产资料所有变革或企业所有权重新配置来实现价值共享拓展到只需借助互联网平台让渡部分闲置资源使用权，而不需要发生所有权转让，更不需要生产资料所有制更替就能实现社会闲置资源重新优化配置的价值共享。协同消费思想作为分享经济思想的一种重要演化形式，其概念由 Felson 等（1978）最初提出，并经 Botsman（2011）系统阐释后开始广为流传。国外学者关于分享经济的思想是不断演化的，分享经济思想仍然是解释怎样联系未来经济、环境和社会问题的商业思维蓝图（Daunoriene et al.，2015）。

二、分享经济模式演化

分享经济作为一种商业模式伴随着分享经济思想的不断演化而呈现新的

形态。正如《人类简史》所论述的一样，远古时代的智人在群落之间的食物分配就可以看作是分享经济形态的雏形，亲朋好友之间的馈赠也可以看作是一种非正式的分享经济，而任何时代，个人与个人之间的物物交换则是一种典型和正式的分享经济形态。但上述形态的分享经济模式只局限于熟人朋友圈中，或者交易范围较小的市场里，市场交易规模通常都较小，市场交易效率较低。

市场交易规模偏小和交易效率偏低的主要原因从分工的视角而言是社会分工还没有完全演化到交易方各自具有相对比较优势的态势。按照经典的分工理论，分工程度决定市场容量，只有经济体中的个体生产某一种产品具有相对比较优势时，他才会放弃其他产品的生产来专业化生产此种产品，这样就产生了物品交换的可能。如果经济体中的每个个体都能专业化生产一种产品，那么经济体中可以交易和共享的物品种类就会增多，市场容量就有可能扩大。

市场容量扩大的程度取决于当时的市场交易效率，在可交易物品总数一定的条件下，市场交易效率越高，市场容量也就越大。按照制度经济学的交易成本理论，市场交易效率高低与交易成本成反向关系，交易成本越高，市场交易效率就会越低。交易成本是指发现交易对象、签订交易合约、执行交易合约等发生在整个交易过程中的成本。交易成本与交易秩序和技术水平相关。交易秩序越良好的社会，交易成本相对越低。同时，有助于提升交易频率、扩大交易对象、简化合约履行的技术创新也能显著降低交易成本。

基于上述市场分工和交易效率的基本理论，我们不难理解在分工程度较低的自给自足的经济形态以及存在人身依附和压榨剥削的非信用社会，可交易和分享的物品种类较少，不存在以自由平等、诚实守信为基础的交易秩序，交易成本高昂，所以即使存在零星的分享经济火花，也不能形成燎原之势。

当今社会的分享经济模式是以互联网平台为技术基础，以开发利用社会闲置资源为目的，让参与者互利互惠的新经济业态。与最初基于产权重新配置的分享经济不同，这种分享经济模式强调物品使用权的部分共享而淡化物品所有权转让，通过对互联网平台系统的设计和管理，实现非货币形式的协同消费，这种分享经济模式实质上是物品或服务的消费分享（Harvey et al.，2017）。

这种协同消费的分享经济模式目前风靡全球，已经成功运用在交通出行、住宿餐饮等行业，也诞生了诸如Uber和Airbnb等交通和住宿领域的全球服务型大公司。更为重要的是，分享经济作为一种“互联网+”背景下的创新商业模式，为更多普通大众参与创业提供了基础，成为“草根”创业的重要参与模式。

基于协同消费的分享经济模式之所以能够在较短的时间内风靡全球，并以指数型成长方式扩散，主要得益于基于大数据、互联网和云计算的信息技术创新能够有效扩大市场交易范围和降低交易成本。其首先表现在互联网平台通过用户注册的方式能够有效集聚供需双方数量庞大的交易者，形成高度集群的线上交易市场，相比传统的线下交易，指数型地扩大了交易范围，也增加了交易对象的数量；其次，平台的云计算能力使供需的交易信息和资源能够得到高速有效的匹配，极大地提高了交易频率；再次，平台的实名注册、资料审核、标准合约、安全联网和信誉评价等信息披露机制能有效确保良好的交易秩序，减少传统商业模式下交易双方的信息不对称造成与陌生人进行交易的道德风险等机会主义行为出现的概率。基于互联网平台的协同消费分享经济模式正是由于有这些技术创新带来的创新红利，才能大大扩大交易对象、降低交易成本，从而提高交易效率，迅速扩大市场规模，长尾效应更加显著。

第三节　现代分享经济的本质特征与配置功能

一、现代分享经济的本质特征

分享经济作为一种新的商业模式，与传统的电子商务、在线租赁等商业模式既有共同点，也有相异点。

首先，分享经济、电子商务和在线租赁都属于平台型经济。平台型经济首先依托的是互联网的技术创新，可以是双边平台，也可以是单边平台。双边平台是供给方和需求方都依托第三方平台。单边平台是供给方（销售商）自建平台。平台型经济更多的是依靠双边平台。分享经济、电子商务和在线租赁基本上是属于双边平台，即交易平台由供给方和需求方以外独立的第三方建立，如淘宝、神州租车、滴滴打车等专业交易平台。

其次，分享经济、电子商务和在线租赁都涉及三方关系和双边服务，即平台商、销售商和产品或服务消费者三方关系，而且平台商同时分别为销售商和消费者提供服务。

但是，分享经济与电子商务和在线租赁两种平台型经济存在本质上的差别，可以用图 2.1 来详细说明。

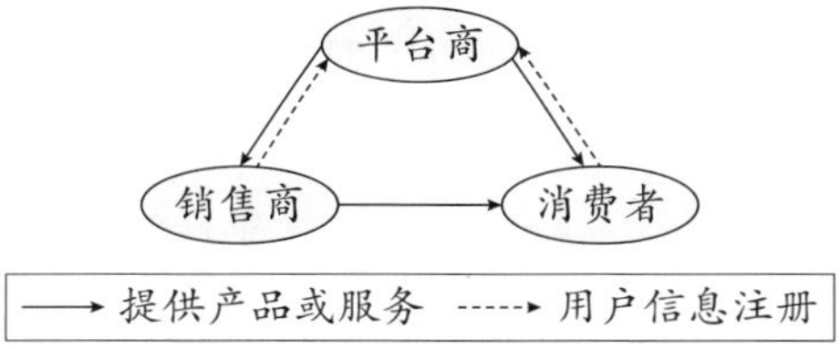

图 2.1　分享经济、电子商务和在线租赁商业模式比较

首先，三种商业模式中的市场主体不同。分享经济中销售商和消费者都是个体私人，个体对个体提供服务（P2P）；电子商务和在线租赁是商家对消费者（B2C）提供产品售卖、售卖服务和租赁服务，这是区分三种商业模式最为关键的地方。

其次，三种商业模式中产权运作不同。分享经济和租赁经济是基于闲置资源的部分使用权短暂性让渡，不发生所有权变更。电子商务是基于互联网平台的商品买卖，是商品使用权和所有权的永久性让渡。

最后，三种商业模式中交换对象不同。分享经济虽然依附于私人闲置资源使用权的暂时性让渡，但实际上主要提供的是服务消费。租赁经济也是附于私人闲置资源使用权的暂时性让渡，主要提供的是租赁服务。电子商务虽然提供了售卖服务，但更主要的是商品的买卖。

总之，区分三种平台型经济的本质特征非常重要。分享经济从本质上来讲是不同于租赁经济和电子商务的一种新商业模式。在制定互联网经济规制和产业政策时一定要区分分享经济的P2P本质和服务交易的性质，平台商不是分享经济的本质特征，制定分享经济的产业规制和产业政策一定要区分是针对平台商还是针对私人服务提供者。相关内容，将另文作详述。

二、现代分享经济的配置功能

分享经济能够在较短的时间形成巨大的市场规模，除了该种商业模式能够有效降低交易成本、提高交易效率以外，其本身还具有一些特殊的交易功能。

首先，分享经济能够为私人闲置资源实现价值增值。私人暂时闲置自己不消费的各种资源，包括闲置的服务和产品都可以把相关信息发布到分享平台，由分享平台实现资源的再配置，从而实现闲置资源的价值增值，增加利益相关者的收入水平。尽管同类分享平台的潜在竞争者之间可能存在业务重合，但可通过潜在竞争者之间的市场细分、兼并重组或者协作共享等方式增加区域消费者对未来市场不确定性的预期，从而可以解决闲置资源价值消散难题（Scaraboto，2015）。

其次，分享经济能够为劳动力带来灵活就业和创业。相比传统复杂的就业体制，分享经济模式能够提供更加灵活的就业模式。分享经济提供的就业主要是服务就业。一方面，私人可以把自己闲置的技能和物品通过分享平台的供需信息及时匹配向他人提供服务；另一方面，个体可以充分挖掘分享平台的功能、打造专业分享平台进行创新创业。由于依靠分享平台进行的就业和创业机会成本与沉没成本都相对较小，所以分享经济正成为我国政府提倡的“大众创新，万众创业”的发展理念提供了一个极佳的实现平台（李亚玲，2015）。

最后，分享经济能够成为政府调控经济的重要抓手。宏观经济结构性失衡主要表现为供需结构不平衡。从供给侧来说主要表现为供给缺口或者供给过剩。从需求侧来说主要表现为需求不足或者需求过旺。需求过旺往往伴随供给缺口，而需求不足则往往伴随供给过剩。分享经济模式能够同时调控供给侧和需求侧。分享经济模式调控供给侧主要是重新配置闲置资源、消化过剩产能等方式。分享经济调控需求侧主要是整合需求信息、降低消费成本、刺激消费潜力等方式。20 世纪 80 年代初美国遭遇经济危机时，部分美国人认为工作共享可以作为一种增加工人工作满足感的方式来提高生产率，从而重振美国经济。分享经济模式主要有利于解决闲置资源利用不充分、有效需求得不到充分释放、市场竞争存在行业垄断、优胜劣汰存在机制阻碍以及结构调整不及时等问题（黄天龙 等，2015）。

第四节　现代分享经济的兴起原因与成长条件

一、现代分享经济的兴起原因

现代分享经济有别于传统分享经济，主要是指基于大数据、云计算和移动互联网平台的超强资源配置功能，通过让渡部分私人产品的暂时性使用权来提供服务消费，从而实现私人闲置资源价值增值的一种新商业模式。现代分享经济兴起的原因与其特殊的时代背景相关。

首先，互联网技术创新为现代分享经济兴起提供了技术条件。21 世纪初以来发生的大数据、云计算和移动互联网技术创新，特别是智能手机和第三方应用程序（APP）的运用推广极大地方便了交易行为的发生，使产品和服务的交易能够从线下转移到线上，有利于扩大交易主体和交易对象范围、便捷交易合约签订和交易过程执行。

其次，全球经济危机的发生为现代分享经济兴起集聚了潜能。21 世纪初以来，由美国“次贷危机”引发的金融危机以及进一步传染的全球经济危机使经济增长的结构性矛盾日益显现，失业率上升、家庭收入水平下降以及商品购买力降低等状况激发人们寻找闲置资源增值的途径以及创新创业的潜能。

最后，政府职能部门的推动为分享经济兴起注入了血液。分享经济作为一种新兴商业模式，尽管其发展与传统相关行业存在利益冲突，对分享经济的监管也存在一定的盲区，但分享经济模式表现出来的就业创造能力、闲置资源的利用能力以及财富集聚能力是传统商业模式无法比拟的。分享经济模式的商业应用领域十分广泛，对于化解产能过程、实现节能减排、升级服务消费和促进创新创业等具有十分重要的意义。例如，汽车分享是解决城市生活中环境污染和交通拥堵等许多重要问题的一种可行方法。世界上众多国家的政府部门通过立法或者修改现有法律规章制度大力推进分享经济发展。对于我国政府而言，现阶段大力发展分享经济更是推进供给侧结构性改革、实现消费升级和“大众创新、万众创业”的重要推手。

二、现代分享经济的成长条件

现代分享经济的成长条件具有潜在变动性，社会信任、网络平台、数据驱动以及交易成本等因素是现代分享经济成长的基础（刘国华 等，2015）。

首先，互联网技术的应用推广是现代分享经济成长的基础物质条件。互联网技术能够促进资源共享，有助于分享经济成长（Richardson，2015），因此，移动互联网平台技术创新是分享经济成长的重要影响因素。

其次，包容性的产业规制和法律制度是现代分享经济成长的制度基础。由于分享经济模式进入与相关产业的在位商会存在利益冲突，或者分享经济模式不符合已有产业的监管规则。因此只有包容性的产业规制和法律制度才能够充分保障分享经济成长所要求的相关互联网技术创新，产业组织形式创新、利益分配制度以及产权制度创新（Morgan et al.，2015）。

最后，消费者的人身财产与信息安全保障是现代分享经济成长的人本条件。消费者的重复选择权直接决定现代分享经济成长（Hamari et al.，2016）。

分享经济模式是一种服务消费体验，这种服务消费的重复性选择取决于消费过程中的愉悦性体验，包括优质服务、卫生舒适、便捷安全等消费体验。消费体验的朋友圈口碑传播效应和网络评价传播效有利于分享经济服务消费模式的重复性选择。

第五节　现代分享经济兴起的影响

现代分享经济兴起对经济系统中的生产、交换、消费、分配以及政府监管和经济政策等方面都将产生重要影响。现代分享经济重构社会生产协作关系，改变经济关系和商业广告规则、解构品牌社群和劳资关系、加速建立共享的个人征信体系，突破资源时空限制，催生数据驱动型经济（刘国华 等，2015）。当然，Airbnb、Uber、滴滴等众多平台型企业的爆炸式增长迅速集聚了大量的社会财富，相关行业的传统企业经营和就业也受到了冲击以及一些其他方面的负面影响，这对政府部门的监管带来了挑战，所以现代分享经济兴起之初就产生了“废还是存”的争论（Schor，2016）。

一、现代分享经济兴起对传统行业的影响

现代分享经济作为一种新的商业模式，对传统相关行业的冲击主要表现在市场进入和市场份额的争夺。现代分享经济模式基本集中在传统服务行业，是新一代互联网技术向传统服务行业的渗透。基于分享平台的服务消费更具便利性和低成本，传统服务行业的消费者更倾向于选择这种新兴的服务消费方式，从而对传统相关服务消费市场份额造成挤压。现代分享经济最初在住宿和交通出行等行业出现。Airbnb 公司就是其创始人乔·吉比亚（Joe Gebbia）和同学利用他们自己的空余房间向游客提供充气床位和早餐，后来才演化成一个全球化的住宿餐饮分享平台（萨丹拉彻，2017）。住宿行业分享经济模式兴起对传统

酒店住宿业产生了负面的影响。Airbnb 作为一个在线社区市场，为所有外出者提供商旅共享住房。Zervas 等（2017）以得克萨斯州为样本研究发现，得克萨斯州 Airbnb 房源每增加 1%，其传统酒店的营业收入下降 0.05%。

二、现代分享经济兴起对降低交易成本的影响

交易成本理论是理解像 Airbnb、Uber 等平台型服务企业发展的基本解释性框架。高交易成本一直是制约服务消费扩大和升级的主要因素。这主要是因为传统服务消费仅局限于朋友圈中，服务消费的扩散半径较小。朋友之间易于沟通交流，信息相对对称，彼此之间的互相信任感较强，出现道德风险和逆向选择的机会主义行为大大降低，这种基于情感和信任的契约行为大大降低了交易成本。基于分享经济商业模式的服务消费对交易成本的降低主要在于分享平台建立的整套征信机制。平台用户，包括服务提供商和服务消费者都需要使用真实身份进行注册，特别是服务提供商，还要向平台运营商提供营业执照、身份证件、个人近照、诚信记录等反映个人真实身份和诚实守信的证明材料，以及消费者对服务提供商的信誉等级评价和平台运营商对服务提供商的经营业绩考核等。正如本科勒（Benkler，2004）所言，市场交易成本和共享之间的主要系统性差异与信息成本和执行成本有关，市场使用价格系统以及管理层级报告和命令流的组合来管理现实中有关潜在资源配置的信息，社交框架使用的社交关系通常不那么正式，也不太关注清晰地描述这些框架中的参与者可以选择的行动路线，市场更主要依赖于正式执行，而社会关系依赖于文献中研究的非正式执行机制，即社会规范和互惠。

三、现代分享经济兴起对降低过剩产能的影响

过剩产能无处不在，它们可能是有形的、暂时的、虚拟的，也有可能是与流程、网络和经验相关的，这些所忽视的产能中蕴含着巨大价值，新的价值可以从原有的这些产能中挖掘出来并被重新利用，能够使生产者和消费者创造出

更好的投资回报，这主要是因为利用过剩产能的成本总是比购买新的原材料要低得多，所以我们无须再寻找、发现、扩充或是投入大量的资源（蔡斯，2015）。

虽然没有中国住房空置率的确切和权威数据，但中国住房空置率超过欧美发达国家的平均水平是一个不争的事实。这说明我国的住房还存在很大的利用空间。同样，随着我国家庭小汽车的购买量不断增加，交通拥堵、环境污染和安全事故将成为较严重的社会问题。利用分享经济模式开展房屋短租和共享出行能够有效地提高闲置资源的利用效率，节约重复建设成本，实现潜在价值增值。

四、现代分享经济兴起对补齐经济短板的影响

公共服务供给短缺一直是制约我国经济社会高质量发展的短板之一，这已经不能满足我国人民对日益增长的美好生活的需要。公共服务供给短缺对需求层面的影响表现为公共服务消费的量的增加和质的提升。交通出行、教育培训、医疗保健、养老托幼、娱乐休闲、体育健身、商务旅游等领域的服务消费均可以通过分享经济模式实现变革性影响（蔡余杰 等，2015）。

分享经济模式通过分享平台的网络效应、计算功能和信誉评价系统，使海量的服务提供商和服务消费者迅速进行精准的供需匹配，能够创造全新的拥有更高质量和多样性的服务消费体验。一方面，分享平台凭借高效、便捷和多样化服务改变了人们对传统服务的消费偏好，增加了更多的边际消费者；另一方面，分享经济模式不是简单地替代传统服务消费种类，而是带来服务消费品质和种类的快速增长，服务消费增长对经济增长的进一步刺激，从而发挥服务消费对实现经济高质量发展的基础性作用。

五、现代分享经济兴起对创新与创业的影响

现代分享经济模式从根本上讲是技术创新推动的。互联网技术创新对商业变革的主要影响是打破垄断和去中心化，商业组织由层级制向扁平化转型，依靠权力垄断资源配置变得越来越困难，更为盈利的商业模式主要是依靠数字化

和平台化进行生产经营。熊彼特式商业创新能否成功，关键在于能否善于利用“互联网+”，充分挖掘消费者偏好，从更多细分市场中寻找新的商业机会，搭建、推荐分享平台以及使消费者对分享平台产生好感和依赖性。

现代分享经济兴起有助于大众创新和万众创业，也改变着传统经济体系中的就业模式与就业关系。服务行业和领域内的自由创业和自由就业更成为经济新常态，当然也给政府部门的服务行业监管带来了挑战。

本章主要从理论层面探讨了分享经济的演化进程、生存和发展条件，以及分享经济模式对经济运行产生的影响。由于分享经济的本质特征是便利于服务消费，所以下一章更加具体地论述分享经济促进公共服务消费升级的实现机理。

本章小结

分享经济思想的起源至少可以追溯到有剩余产品出现的原始社会末期。但现代分享经济作为一种新的商业模式则是伴随着新一代信息技术的使用而出现的。现代分享经济的本质特征是借助数字平台通过物品或劳务使用权的暂时让渡来实现闲置资源的优化配置。严格意义上的分享经济模式有别于传统电子商务模式和租赁经济模式。现代分享经济的主要配置功能在于聚合市场双边活动，节省交易成本，提高交易效率。现代分享经济模式的推广虽然离不开数字技术的强大赋能，但诚实守信等良好的社会公德以及严格的政府安全监管也是必不可少的。现代分享经济模式的推广客观上有利于提高社会资源的使用效率，提升居民生活质量，带动灵活就业，增加低收入群体收入，实现共同富裕。

第三章　分享经济促进公共服务消费升级的实现机理

第一节　引　　言

正如前文所言，生产方面的资源效率和技术革新不足以大大减少目前对自然资源的使用，目前分享经济内涵的协同服务消费模式应该成为一种社会创新、互补和同等受重视的可持续消费战略（Leismann et al.，2013）。随着移动互联网新技术和分享平台型公司的出现，协同消费这种现象正在迅速发展，这些公司试图通过利用他们的网络平台在陌生人之间建立信任和促进消费者之间的服务产品交易来开发有利可图的商业模式，协同消费有利于推动传统消费社区从经济活动有限的本地化市场转向具有重要经济、环境和社会影响的协作全球社区（Perren et al.，2015）。

协同消费模式也将影响企业战略选择。这是因为购买了公司产品的消费者可以在不同的使用期间获得不同的商品使用价值，在自用价值较低的时期只要交易成本的租金净额超过自用价值，消费者就可以通过第三方分享平台将其购买的产品出租，当企业策略性地选择零售价格时，消费者分享高边际成本的产品对企业和消费者来说是一个双赢的局面，分享低边际成本的产品则是一个双输的局面。因此，在共享市场存在的情况下，公司从战略上提高产品质量导致更高的利润（Jiang et al.，2018）。然而，消费者的价值观需要通过社会心理和社会实践影响产品服务系统中协同消费模式的接受、采用和扩散（Piscicelli et al.，2015）。那么，分享经济或者协同消费模式能否促进公共服务消费升级，其内在的影响机理和实现途径是什么，国内外还没有文献进行系统的论述。

本章主要论述"互联网 +"背景下服务消费的新内涵、新特征，分享经济促进公共服务消费升级的内在机理与实现途径，以及进一步从创新经济视角去解释。

第二节　"互联网 +"背景下服务消费的新内涵与新特征

服务基本可以分为生产性服务和消费性服务。生产性服务主要指作为生产和服务过程中的中间投入，具有投资性的一般特征。服务消费一般特指消费性服务。消费性服务是体验性服务，要求被服务对象亲临现场，所以传统服务消费具有不可贸易性、不可替代性和心理感知性特征。服务消费也通常是本地化消费，异地消费的交易成本较高。服务消费交易成本主要是交通距离成本和安全风险成本。服务消费有低端服务消费和高端服务消费。日常的居民生活服务，如理发、家政、餐饮、物业以及基本公共服务等属于居民低端生活服务消费，而教育培训、医疗养老、旅游休闲等非基本公共服务属于居民高端生活服务消费。居民低端生活服务消费具有价格低弹性消费特征，而居民高端生活服务消费具有收入高弹性消费特征。因此，影响服务消费的最主要因素是服务价格、服务质量、收入水平和交易成本。随着可支配收入的增长，居民对高端服务消费的需求会显著增加。

分享经济带来了一种全新的服务消费模式，即基于互联网分享平台个人或者组织将闲置资源的使用权暂时让渡给消费者，从而获得报酬的一种新消费模式。国外学者把这种消费模式叫作协同消费或者协作消费。例如，滴滴出行平台能让个人拥有的汽车进行出行服务，Airbnb 共享住宿平台能让家庭拥有的房间进行民宿服务。协作消费或者协同消费之所以成为一种新的服务消费模式，一方面，因为分享平台提供的是一种互联网服务，依靠这种互联网中介，“产品＋服务”的消费模式才能进行；另一方面，服务消费过程中服务提供依赖的闲置物品不发生所有权的改变，没有物品的交易过程，只有服务的交易过程。

分享和协同消费实践有三个共同特征：第一，主要通过短暂获取使用权的方式来使用消费品和服务；第二，要依赖第二代互联网技术，因为第一代互联网只能一维地向消费者提供信息，而第二代互联网能够实现服务消费者、服务生产提供商和平台商之间的交流互动（Belk，2014a）；第三，服务消费呈现出平台化和智能化特征。借助平台每个人既能成为服务消费者，也可以成为服务提供者，越来越多的服务由智能服务替代。机器服务替代人工服务在许多服务行业中已经出现。

协同消费特别涉及客户与客户之间的交互，这必须由服务提供商进行管理，在协同消费的背景下权力很难保护消费者不受不良顾客行为的侵害，因此信任变得更加相关（Hofmann et al.，2017）。

第三节　分享经济促进公共服务消费升级的内在机理

一、消费理念升级

狭义的分享既包括将自己的东西分发给他人使用的行为和过程，也包括从他人那里得到或拿走某物供自己使用的行为和过程。这种传统的分享理念是基于非互易的亲社会行为（Benkler，2014），不涉及商品的市场交易行为，只有物品使用价值的让渡，没有商品价值的支付过程。传统分享仅限于亲朋好友之间而非陌生人之间。大多情形分享对象是作为一种礼物的馈赠，当然分享对象也包括无形物品的分享，如服务共享、思想共享、快乐共享等。

传统分享的动机主要是向亲朋好友表达一种礼节。中国传统习惯中的礼尚往来、熟人见面寒暄等，是一种传统文化、价值观和风俗礼仪的外在表现。显然传统分享的动机是凭借物品和服务来表达一种情感，而不是追求物品内在的价值属性。中国自古以来就有“千里送鹅毛，礼轻情意重”的传统分享理念。

分享经济模式下服务消费理念升级一方面表现在人们充分利用闲暇时间来提供劳务服务，如私家车主提供网约车服务、家庭主妇提供各种手工制品服务、家庭利用空置房屋提供民宿服务；另一方面，人们也更加愿意进行平台型服务或者智能服务消费，如平台约车、网上购物、网上订餐、网上订票、网上订房、在线教育培训、远程医疗服务等。

二、消费模式升级

消费理念的升级伴随消费形式的升级，这主要表现在人们越来越追求闲置物品和时间的潜在价值实现。人们越来越拥抱分享经济模式，通过各种分享平台将自己闲置不用的物品和劳务进行租售，利用熟人或者在朋友圈做生意已经成为常态。消费者也习惯于利用智能手机中的各种第三方应用程序进行物品和服务交易的匹配。

协同消费或者协作消费是分享经济的具体表现形式。Felson 等（1978）最早将协作消费行为定义为“一个或多个人在与一个或多个其他人进行联合活动的过程中消费经济商品或服务的行为”。Botsman 等（2011）把分享经济概念扩充为包括“传统的共享、物物交换、借贷、交易、租赁、礼物和交换”。显然这些定义不符合分享经济模式下的协同消费本质。Benkler（2014）将协作消费定义为人们协调资源的获取和分配以获得一定的费用或其他补偿。Hamari 等（2016）把现代通信技术催生的协同消费定义为一个通过基于社区的在线服务协调完成的、以点对点为基础的获取、提供或共享商品和服务的活动。这两个定义基本上强调了分享经济模式中消费的协作特性。

传统的物品消费本来依靠消费者个体可以单独完成，传统服务消费只需服务消费者和服务提供商面对面完成。分享经济模式下之所以是协作消费，一方面是因为平台上有众多的服务消费者和服务提供商可以进行交易匹配，所有服务消费者和服务提供商对服务消费交易相互影响，如信誉评价系统影响服务提供商的服务接单量；另一方面，服务消费过程还需要平台商和政府的监管。这是因为平台型消费涉及消费者数据隐私、数据垄断和人身财产安全等问题。

分享经济模式改变了传统的物品和服务消费模式，节省了交易成本、扩大了交易对象，形成了更大的市场交易规模，更加便利了服务消费。

三、消费质量升级

分享经济模式更加有利于提供安全、便捷、舒适、高效和个性化的服务消费。消费质量升级具体体现在消费者参与分享经济的动机中。在汽车共享服务中，服务质量满意度和社区归属感是消费者参与分享经济的主要影响因素（Möhlmann，2015）。消费者参与分享经济的意愿主要由感知有用性，包括感知到的经济、环境和社会效益以及由共享社区的归属感驱动（Barnes et al.，2017）。同样有研究指出，推动民宿服务消费的动机包括可持续性和社区的社会方面以及经济效益（Tussyadiah，2015）。

第四节　分享经济促进公共服务消费升级的实现路径

公共服务的价值在于分享。基于价值分享的程度，可以把公共服务分为纯粹公共服务和地方公共服务。纯粹公共服务价值的分享不依赖于服务消费者本身的特征以及所处的地理位置，如国防；如果某种公共服务的价值分享依赖于服务消费者的自身特征和距离该服务提供商的位置，那么这种公共服务就是一种地方公共服务（史蒂文斯，1999），如教育、医疗、养老服务等。

基本公共服务均等化供给是经济分享思想的重要体现。现有分税制度下，我国的教育、医疗、养老等基本公共服务供给是地方政府的职责，属于地方公共服务范畴，这种地方公共服务的价值分享目前仍受制于服务消费者所处的地理位置和消费者属性特征。在基本公共服务非均等化供给的背景下，距离某种公共服务的位置不同，可能分享得到的公共服务数量和质量也不相同，如我国不同“学区房”所享受到的公办义务教育和幼儿教育质量可能存在显著差别；具有不同城市户籍或城市住所的居民可能享受的公共服务种类和质量也存在差别。地方公共服务的均等分享与财政收入分享紧密关联，公共财政分享收入的增加能够显著公共服务的消费数量，如图 3.1 所示。

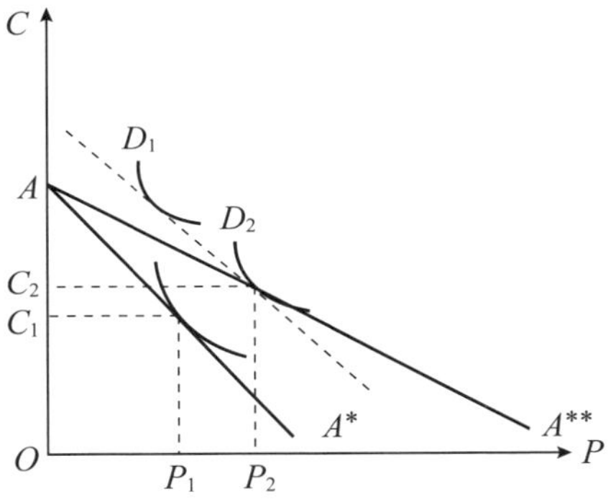

图 3.1　公共财政与公共服务消费

如图 3.1 所示，假定个人只消费一种消费物品 C 和一种公共服务 P，最初的收入预算约束线 AA^*，效用无差异曲线为 D_1，实现个人效用最大化时的物品和服务组合为（C_1，P_1）。假定个人的收入水平、效用函数和消费物品的价格不变，但政府的公共财政转移支付增加，或者公共服务的消费价格降低，使收入预算约束线发生平移或者旋转，在新的预算约束线下，实现个人效用最大化时的物品和服务组合为（C_2，P_2），从而个人公共服务的消费量增加 P_1P_2。

目前，公共服务供给出现“缺口”，很大程度上是由于公共服务供给侧不能匹配好公共需求侧。公共服务的需求随着人均收入水平的提高，城镇化进程的推进和人口结构的老龄化、幼龄化变化而提高是经济社会发展的自然规律。而公共服务供给不均等或者供给不足则是公共财政约束和地方政府官员偏好导致的。公共财政的公共服务供给功能就是解决单纯市场配置公共服务资源的非效率。因为公共产品和公共服务都具有外部性，不能完全依靠市场机制来实现最优配置，必须发挥政府职能配置资源的作用。政府通过税收收入或转移支付等公共财政收入来购买或直接提供公共服务，主要是为了克服市场机制配置公共服务资源的非效率。但是，地方政府官员也具有自身利益和偏好，在配置公共服务资源时可能会显示出私人偏好，不会完全按照公共利益需要去配置公共服务资源。

分享经济模式的本质是提供服务消费，这种服务消费依托于直接服务提供者的闲置资源和第三方公共服务平台。分享经济模式有利于升级公共服务消费，治理公共服务供给“缺口”，其实现途径主要体现在以下三个方面。

其一，分享经济模式有利于显示市民公共服务需求偏好。长期以来，由于户籍、城市人口规模和购房成本的限制，社区居民未能充分采用“用脚投票”的方式来自由选择公共服务的消费数量和质量。少部分地方政府官员可能根据自身职位晋升效用最大化原则来配置公共服务资源，追求所谓的“形象工程”，而较少考虑真正体现社区居民公共服务需求偏好的“民生工程”。分享经济模式中，社区居民可以在分享平台充分表达个人对公共服务的消费需求偏好，地方官员也可以在公共服务分享平台收集社区居民对公共服务消费需求的偏好信息以及对公共服务质量的反馈信息，根据这些信息调整公共服务供给的项目，更好地监督公共服务提供商的服务质量，使得公共服务消费供给偏好与公共服务消费需求偏好一致。

其二，分享经济模式有利于改善公共服务行政垄断供给地位。长期以来，我国的公共服务基本上属于行政性垄断供给。但由于公共财政能力的限制，地方政府只能满足基本公共服务的供给，但即使是基本公共服务的供给，也可能产生行政性垄断公共服务供给导致的寻租腐败等机会主义行为以及社会福利损失等低效率行为。分享经济模式能够充分利用社会上的闲置资源和服务能力来提供公共服务，拥有闲置资源和服务能力的个人可以在公共服务分享平台实名登记注册，自主提供符合国家服务质量和安全标准的各类公共服务，政府可以依据平台收集的服务提供数量和质量以及消费者对服务提供商的信誉评价等大数据来对这类公共服务提供者进行奖励和补贴。

其三，分享经济模式有利于降低公共服务供给的交易成本。传统服务消费的典型特征是服务提供者和服务消费者的时空同一性，需要双方面对面的情感交流。服务提供者和服务消费者之间的合约达成只限于较小的服务圈内，一般是在熟人圈或者朋友圈之间进行服务交易。这主要是因为服务消费是一种体验式消费，具有很强的口碑传播效应。服务半径扩大会显著提高服务消费的交易成本。分享经济模式能够显著降低服务交易成本，扩增服务消费半径，扩大服务消费圈层。这主要是因为分享经济平台的会员实名注册登记能够迅速集聚海量的潜在服务消费者和服务供给者，分享经济平台的大数据和云计算功能能够迅速匹配最佳的服务消费需求和服务供给能力，显著降低交易成本。分享经济平台的警务联网和信誉评价机制能够保证服务交易的安全，从而扩大服务圈层。

第五节　分享经济促进公共服务消费升级的路径依赖

分享经济这种新型商业模式能否有效推广并成功应用于治理公共服务供给“缺口”，促进公共服务消费升级，主要依靠个体服务提供者、个体服务消费者与分享平台商的参与程度。个体服务提供者的参与程度主要取决于地方政府规制与平台商的利润分成，个体服务消费者的参与程度主要取决于服务消费的性价比，而平台商的参与程度主要取决于政府规制对其存在合法性认可与传统相关行业在位商的利益博弈。

从目前分享经济的运行状况来看，制约个体服务提供商参与分享经济程度的因素主要有以下两个方面。

一是分享平台商和个体服务提供商的利润分成设定。由于互联网经济的内在规模经济属性，分享平台商存在一定的自然垄断势力，在服务价格设定上具有控制权，因此合理划分分享平台商和个体服务提供商的利润边界可能需要政府的产业规制进行宏观调控。

二是地方政府对个体服务提供商参与分享经济设置的不合理地方规制。虽然分享经济平台商由于网络规模属性需要一定程度的市场集中度，但对于个体服务提供商和个体服务消费者而言，分享经济的市场结构应该是充分竞争性的。分享经济市场里，同领域服务提供商提供的个体服务基本上是同质的，且他们不具有价格操纵权力，因此让更多的个体服务提供商进入更能够满足“大众创新、万众创业”的需求。人为地设定有利于地方保护的各种市场进入壁垒，表面上保护了本地市民的利益诉求，但实际上可能会形成一种持管窥天的地方保护产业政策，违背分享经济发展的本质要求和运行规律，也会造成本地分享经济市场运行效率损失和消费者福利损失。

因此，地方政府对个体服务提供者的产业规制政策从根本上应该不同于传统的服务供应商，这是由分享经济的本质特征决定的。产业规制的出发点应该是鼓励个体服务提供者的自由市场进入，由市场机制去决定其市场存留时期，产业规制的重点应该是确保个体服务提供商对个体服务消费者的人身和财产安全，只需要对可能影响个体服务消费者人身和财产安全的可能因素做明确的限制性规定。

分享经济运营的平台商虽然本质上是中介商，与个体服务提供者和个体服务消费者不存在组织上的垂直约束，但需要对个体服务提供者的从业资格真实性承担连带责任。政府产业规制和政策应该按照公司法人属性对平台商的行为进行规范，防止其垄断势力的乱用。

总之，只有合理划清分享经济平台商、个体服务提供者和个体服务消费者的三方权力、责任与义务属性，分享经济模式才能发挥对服务消费升级的“破坏性”创造作用，不断开拓新的服务消费市场、形成新的服务消费产品，创造新的公共服务供给模式，有助于解决公共服务供给“缺口”，促进公共服务消费升级。

第六节　从创新经济视角的进一步解释

分享经济或者协同消费从本质上说是“互联网＋服务业”的一种商业模式创新，互联网正在成为服务提供的一种新的依附工具。任何社会都没有抽象的服务提供，服务提供都必须依赖一定的物质技术条件。服务和服务赖以提供的物质技术条件有时统称服务产品系统。不同时代的服务提供由于所依赖的物质技术条件不同，所以服务供给的效率也就不同。从产业层面上说，服务业生产率高低很大程度上取决于服务提供所依赖的物质技术条件的制约。鲍莫尔所称的服务业“成本病”，就是指服务部门相对于制造部门具有相对较低的劳动生产率，从而需要更多的就业人员提供数量相同的同类服务，但服务价格由经济体中劳动力的平均工资决定，所以等量等质的服务需要更高的成本负担。典型的案例就是生活服务，如理发服务，虽然不同年代的理发所体现的物质技术条件基本相同，劳动强度也基本不变，但理发服务的价格在不同年代，甚至不同时期有较大的差别。鲍莫尔所举的例子是观看歌剧，其基本原理是一致的。

服务业“成本病”相对于传统的生活服务业提供或许正确，这主要是因为这类服务业的物质技术条件基本相同。但在互联网时代或者智能化时代，互联网技术或者智能技术能够改造大多数服务行业。“互联网＋服务业”或者“智能化＋服务业”会成为服务业创新发展的常态，互联网技术，特别是以大数据、云计算和移动互联网融为一体的智能化技术会对服务业发展产生变革性影响。

创新经济就是基于互联网技术或智能化技术催生的新产业、新业态和新商业模式。创新经济在更大程度上是产业发展形态的创新，特别是服务业发展形态的创新。一方面，许多传统服务业，如交通、住宿和旅游业等，与互联网技术深度融合后发展成了平台型服务经济；另一方面，许多传统型服务行业，经智能化技术改造后发展成了智能化服务，如银行服务、售票服务、娱乐服务、家政服务等部分服务业务已经被客户终端的智能化服务所替代。随着智能化技术进步以及与传统服务业的深度融合，大部分传统服务业可能会被智能化服务所替代。但这并不意味着智能化技术进步会导致服务经济发展的终结，也不会改变三次产业发展的依次更替规律。相反，智能化技术导致的农业和制造业生产率进一步提高会使更多的劳动力转移至服务部门就业。这些新增的服务就业会被智能化技术进步催生的新服务行业所吸纳，如“互联网＋时代”迅速发展的快递服务、民宿服务、网络服务、租赁服务、旅游服务等各种平台型服务。

分享经济或者协同消费这种创新的商业模式具体表现为平台型服务创新，与产品创新、流程创新影响经济发展的机理不尽相同。产品创新主要是科技成果的产业化，表现为新产品数量的增加，在供给—需求均衡系统中主要是增加新供给，造成供给曲线的向右下平移。流程创新主要是工艺水平或者管理水平的改进，表现为单位产品生产边际成本的下降。商业模式创新主要是改变消费者的需求偏好，表现为产品或者服务需求量的增加，在供给—需求均衡系统中主要是增加新需求，造成需求曲线的向右上平移。

分享经济或者协同消费模式中移动互联网平台本身属于一种产品创新，是新一代互联网技术成果的产业化，而平台型服务则是一种商业模式创新。分享经济促进公共服务消费升级的作用机理从创新经济的角度可以进行如下解释：从产品创新来看，互联网平台成为服务供给的物质技术基础，大大降低了服务交易成本，提升服务交易效率，有利于增加服务新供给，从而推动服务供给曲线向右下平移。从商业模式创新来看，分享经济或者协同消费改变了消费者对服务的消费偏好，消费者更偏向于选择快捷、便利、舒适和个性化的社群服务消费，有利于增加服务新消费，从而推动服务需求曲线向左上平移。分享经济最终有利于增加服务消费需求量，同时相对降低服务交易价格。

本章主要从互联网的技术属性探讨了分享经济对服务消费升级的影响机理。这种互联网的技术属性主要是为消费提供了分享平台。分享平台是分享经济运行的载体。那么到底哪些主要因素影响了消费者参与分享平台进行服务消费呢？下一章将重点探讨分享平台消费参与的影响因素及其相应的政策设计。

本章小结

分享经济作为一种新的商业模式或者经济新业态，在国外也被称为协同消费模式。促进消费升级，特别是服务消费升级，是分享经济模式的内在功能。服务消费升级主要包括服务消费理念升级、服务消费模式升级和服务消费质量升级。选择和推广分享经济模式本身就意味着服务消费理念和服务消费模式的升级。分享经济模式有利于服务消费质量升级，主要由于数字技术从服务消费种类的选择、服务消费过程监督和服务消费质量评价等服务消费的全链条对分享平台进行强大赋能。为了更好地发挥分享平台的服务消费促进功能，政府也应该从法律层面规范平台双边行为，特别是平台方的垄断行为。

第四章　分享平台消费参与的影响因素与政策设计

第一节　引　言

正如上一章的分析，分享经济存在的价值在多个方面得以体现。从交易成本理论角度看，当市场中的部分消费者占有某项特定的闲置资源时，需要此种资源的其他消费者会在可接受的交易成本范围内完成交易；从协同消费角度看，分享是将自己暂时闲置的资源使用权交易给他人，以此获得相应的收益，在资源共享过程中完成资源的有效配置；从双边平台角度看，平台双边消费者依托互联网技术，打破地域限制，使不同区域、不同群体消费者在平台进行交易（胡春 等，2018）。从目前已有研究来看，国内外大量的文献主要是对分享经济理论内涵的探究，而在相关数据和实证方面的研究相对较少。分享经济最早出现在租车行业，进而扩展到各大行业中，由于各个行业分享的资源和所处的市场条件差异，各自的商业模式在互相借鉴学习上存在一定障碍，因此有针对性地分析一些特定行业的分享经济模式是很有必要的。

发展平台经济已经成为我国流通领域深化供给侧结构性改革、推动经济高质量发展的一项重要举措。分享经济是指利用互联网平台等现代信息技术整合和分享海量的分散化闲置资源，满足多样化需求的经济活动总和（朱海英，2017）。近年来，随着分享经济规模不断发展，其受重视程度越来越高。

根据国家信息中心统计数据，初步估计，中国分享经济市场在2021年的交易额约为49 205亿元，比上年增长47.2%，交通出行、生活服务和知识技能领域融资规模位居前三，分别为1 072亿元、512亿元和266亿元，同比分别增长53.2%、57.5%和33.8%，超过7亿人参与到分享经济中；随着分享经济模式不断扩散和推广，预计到2025年分享经济交易规模将占GDP的10%以上。分享经济能够借助互联网平台快速整合社会闲置资源，了解市场多样化需求，从而实现供求双方的快速配对，其本质是通过人人参与的分享平台不断消化过剩的社会产能，从而使得这些零散的过剩产能重新发挥价值和效率，这就要求参与这一分享平台的消费者人数达到一定规模（张帅 等，2017）。正如前文分析指出的，分享平台是分享经济或协同消费商业模式创新赖以存在的物质技术基础，分享平台能够有效促进公共服务消费升级。因而，平台参与是分享经济实现的关键。那么消费者参与分享平台的影响因素有哪些？这些因素影响消费者参与分享平台的意愿程度如何？不同分享平台模式下影响消费者参与的因素是否有差异？现有分享平台消费参与所受到的制约因素有哪些？如何解决这些问题并促进分享平台健康发展？目前还较缺少实证性的文献对这些问题做系统分析。本章主要利用问卷调查数据进一步对“互联网+”背景下分享平台消费参与的意愿程度及影响因素进行深度研究，并对如何促进分享平台有序健康发展提出政策设计。余下部分主要分为文献回顾和创新点、机制模型和研究假设、问卷设计与变量数据的描述性统计、实证检验、主要结论与政策设计等五个方面研究上述问题。

第二节　平台消费参与动因的相关文献述评

现有的对分享经济参与度的研究中，国内外学者主要是从消费者的角度进行分析。2015年，普华永道在共享经济的深度报告中表明消费观念的改变可以作为分享经济发展迅速的重要因素，分享经济的兴起使人们的消费成本更低、便利性更强，有利于环境保护。速途研究院（2015）在调查报告中表明消费者参与分享平台消费的主要原因有性价比高、能够满足个性化需求以及较强的居家感。

消费者在进行交易时不仅会考虑所获取的经济收益，也会考虑交易成本。凌超等（2014）通过对在线短租的研究发现交易成本是消费者参与分享平台消费的主要影响因素，即使平台市场降低了搜寻成本，但是我国尚不成熟的诚信机制也使得分享经济的交易成本居高不下。吴旭云等（2017）通过研究分享经济背景下我国汽车租赁业发展情况，认为困扰行业发展的主要因素有高成本、低利润及季节性。

已有文献的不足之处主要体现在以下三个方面：第一，研究覆盖面不够全面，多数以网约车为例进行特定研究，但现如今分享经济发展已经覆盖了打车、订餐、住宿等多个方面，没有对消费者参与不同模式的分享经济影响因素进行异质性研究。第二，通过文献研究可以发现，国内外许多学者都是根据消费者的经济收益或者交易成本等方面来对消费者参与分享平台消费程度的因素进行研究的，还有其他一些因素，如风险因素以及信用机制等都会对消费者行为造成影响。第三，现有关分享经济发展影响因素分析的文献大多以理论为主，缺乏数据实证支撑。本研究的主要创新点在于通过调查问卷广泛收集数据，从消费者参与网上约车、订餐和住宿等为代表的分享经济模式及其参与程度进行研究，从消费者个人因素、经济因素、风险因素等多个方面考察消费者参与分享平台消费时的行为偏好，同时，收集整理消费者对于制约分享经济的因素分析和促进分享经济发展的制度设计的建议，从而更加有利于全面了解消费者参与不同分享经济模式的影响因素。

第三节　机制模型和研究假设

一、机制模型

对消费者需求影响因素的研究一直以来都未间断过，本章研究消费者参与分享平台消费意愿的影响因素，也将基于前人的研究基础和分享经济本身所具有的特点进行分析。由于影响消费者进行消费的因素很多，本章主要分为客观因素和主观因素两种，前者基于消费者本身消费的客观事实，后者基于消费者进行消费时的主观选择行为。

客观因素主要分为个体因素、社会因素以及经济因素。个体因素包括学历、年龄等。莫迪利安尼生命周期消费理论证明人们会对自己一生的消费进行规划，社会中的青年和老年人属于只能消费的个体，其比例变化直接影响人口结构变化，进而对消费水平产生影响；社会因素包括居住地差异，极端差异如深山中的消费者相比特大城市而言，其消费需求是截然不同的；经济因素即收入水平，凯恩斯提出了绝对收入假说，将消费看作收入的稳定函数，在影响消费需求的众多因素中，居民的可支配收入仍然是最重要的影响因素，消费水平受收入水平的正向影响，消费者的可支配收入越多，其消费意愿和能力越强。

在主观因素中，我们运用了 Davis（1985）的技术接受模型，此模型在 Fishbein 等（1977）提出的理性行为理论和 Ajzen（1991）提出的计划行为理论的基础上引入了感知有用性和感知易用性两种因素。由于其可靠性和说服力，它成为研究行为选择最有影响力的模型之一。根据以上行为理论研究，我们将影响消费者参与分享平台消费意愿的主观因素分为个人利得、感知有用、成本感知、风险感知和其他因素。

二、研究假设

（一）客观因素

Ajzen 在计划行为理论中证明个人以及社会文化等因素（如经验、年龄、性别、文化背景等）通过影响行为信念间接影响行为态度、主观规范和知觉行为控制，并最终影响行为意向。在经典的经济学理论中，影响消费者需求的因素主要有替代商品的价格、消费者偏好、消费者收入水平以及对产品价格未来的预期。网约车、网上订房和订餐等都存在相应的替代产品和服务，因此如何增加分享经济模式中的商品和服务的质量，改变消费者偏好以及合理定价都将对消费者的消费需求产生影响。因此我们可以将这一类定义为客观因素，主要分为个体因素、社会因素和经济因素。

个体因素包括学历、年龄以及性别。个体随着年龄增长，学历提升，以及性别差异对于事物的认知是有不同的。学历高的相对于学历低的消费者能够更加清楚地认识到分享经济的有利方面，从而主动参与分享平台消费；而随着年龄增长，青年特别是大学生对新事物好奇心重，接受能力强，更愿意参与分享平台消费；中年以后很多消费者会对新鲜事物本能产生抗拒或者抵触心理，对其抱有怀疑态度；男女性别差异对于个体接受分享经济这一新的经济模式也是有一定影响的。社会因素主要包括地区差异性和职位，不同地区受文化和经济等因素影响，消费理念和行为也有所差异。分享经济的出现不仅是对传统消费模式的冲击，也在一定程度上改变了当地居民的消费观念；同样，个体职位差异也会对分享经济、协同消费的认知程度、接受程度有所影响。高管人员总体上要比基层员工更能全面认识并接受分享经济。经济因素主要是指居民的收入水平，根据经济学基本原理可知，居民消费水平与其收入水平在一定程度上存在正向关系。因此，我们可以假设：

H1a：学历越高或者收入越高，消费者参与分享平台消费的意愿程度越高。

H1b：在到达一定年龄段后，年龄越大，消费者参与分享平台消费意愿程度越低。

H1c：消费者所处区域经济越发达，消费者参与分享平台消费的意愿程度越高。

（二）主观因素

Fishbein 和 Ajzen 在理性行为理论（TRA）中证明，消费者对行为的态度为积极正向的，那么行为意愿也会越高，反之亦然；同时，个人的行为意愿会受到主观判断影响，主观判断为正向，行为意愿也会越高，反之亦然。根据已有文献，我们将这些影响消费者的个人意愿因素归纳为以下主观因素。

1. 风险感知

风险感知是指消费者对参与分享平台消费所面临风险大小的感知程度。风险来自消费决策中的不确定性，主要有生命财产安全和消费者个人隐私安全等。Wang 等（2003）验证了消费者在使用网上银行时会担心财产安全和隐私等。随着分享经济这一新型商业模式不断发展，越来越多的人参与到分享平台消费当中。对于消费者参与分享平台消费的意愿也开始被国内外学者注意并研究。消费者参与 Airbnb 这类分享平台消费时主要考虑房东提供照片的可信度来感知风险（Lauterbach et al.，2009）。同时，低风险服务提供也是诱使消费者参与分享平台消费的重要因素（Möhlmann，2015）。程华等（2003）在 TAM 模型中加入了风险因素，以此证明了风险感知对消费者参与意愿具有直接影响。Miyazaki 等（2001）研究发现风险感知会阻碍消费者参与分享平台消费。消费者参与分享平台消费的程度，主要取决于其对风险的感知程度（邹瑾 等，2014）。上述理论研究表明消费者在前期认识和参与分享平台消费这一新消费形式时，平台的信誉程度和相关的消费风险是主要影响因素，因此我们可以做出如下假设：

H2：风险感知越高，消费者参与分享平台消费的意愿程度越低。

2. 个人利得

个人利得是指消费者在参与分享平台消费中所获得的高质量产品和服务这一系列的利益（Fornell et al.，1996）。例如，通过网上约车，可以更加迅速寻找到适合车辆，而不用等待出租车司机偶然路过，节约了寻找成本；网约车比出租车乘坐舒服度高，满意度的实现要求网约车司机态度相对出租车司机来说更优质，从而可以增加消费者体验。根据以往的出租车搭乘经验，司乘之间双方存在信息不对称问题。例如，外来乘客如果路线不熟，出租车司机可能会走弯路以此增加收益，而网约车很大程度上能够减少这些信息不对称问题。同时网约车通过网络平台（如 Uber 等）聚集大量闲置资源，拥有多样性和个性化的选择，使得消费者可以享受更加优质的产品或服务。分享经济的本质属性是物品的使用权代替所有权（Belk，2014b），在此消费模式下消费者获得的主要利益包括物品或服务选项多样化，以及经济或财务相关利益（Sundararajan，2013）。因此我们可以假设：

H3：个人利得越高，消费者参与分享平台消费的意愿程度越高。

3. 成本感知

成本感知是指消费者在参与分享平台消费过程中对花费的各种成本和代价的感知。这些成本主要是指消费者参与分享平台消费的机会成本。例如，网约车、网上订餐和订房时等花费的时间、金钱和精力等。分享经济是基于互联网平台基础上的产品或服务的使用权进行消费，是典型的成本分摊型的商业模式（Barnes et al.，2016）。分享经济作为一种依托互联网技术进行快速信息匹配从而促成交易形成的典型消费模式，通过促进供需即时匹配提高消费者交易频率和节省信息搜寻成本，进而影响分享平台消费参与的态度和意愿，极大地优化了市场交易效率。消费者在进行任何交易时都离不开对成本的考虑。分享平台消费具有极强的网络效应，其边际成本随着平台规模的持续扩张而趋近于零，参与人数的不断增加意味着共享资源的不断增加，消费者参与其中所能利用的资源也就越多，消耗的寻找成本、交易成本以及时间成本也就越少。因此，我们可以假设：

H4：成本感知越高，消费者参与分享平台消费的意愿程度越低。

4．感知有用性

感知有用性是指消费者感觉到通过一种特定的技术能够使得消费效率或者工作绩效提高。个体采用新技术时对该技术可能提高其消费效率或者工作效率的主观认识，反映个体对该技术用途的判断，如果个体认为该技术能够显著提升效率，则其感知有用性就高（高恺 等，2018）。消费信息过载环境下，网络消费者对于商品的复杂性、感知效用、感知成本的认知决定着消费者的购买行为（何仲 等，2013）。感知有用性正向影响消费者的分享平台消费意愿，事实证明分享消费平台的发展极大地改善了资源的利用效率，在一定程度上提高了消费效率（Hamari et al.，2016）。因此我们可以假设：

H5：感知有用性越强，消费者参与分享平台消费的意愿程度越高。

第四节　问卷设计、数据收集与变量的描述性统计

本次问卷主要针对消费者参与分享平台消费的理论影响因素而设计的。基于前文假设和消费者参与分享平台消费的体验并结合已有文献，我们提出初步的测量指标及问题，设计出问卷初稿，并征求专业人士意见反复修改。调查问卷主要分为三个部分。

第一部分为卷首语。这部分主要是对本问卷调查的目的意义和数据收集要求进行简要介绍。第二部分为参与者基本情况调查，主要统计被调查者的性别、年龄、最高学历、目前居住地、身份职业以及人均收入或消费支出水平。第三部分为分享经济参与比重调查，主要统计被调查者的网约车、网上订餐和网上订房在各自消费支出中所占比重。第四部分为分享经济参与程度的影响

因素调查，主要统计被调查者在选择网约车、网上订餐和网上订房时的影响因素。第五部分为分享经济治理与制度设计，主要统计被调查者关于分享经济发展制约因素和促进分享经济发展制度的意见和建议。

本次问卷调查主要通过问卷星发布。被调查者涉及我国31个省（自治区、直辖市），共收集到3 561份有效问卷，抽样人群为18~60岁的消费者，涉及各种职业，样本具有较强的代表性。

通过调查问卷的收集和整理，总结出消费者参与分享平台消费意愿的两大因素——主观因素和客观因素，并将两大因素进一步细分为8个因素，其中客观因素有个体因素、社会因素和经济因素；主观因素分为成本感知、感知有用、个人利得、风险感知和其他因素。表4.1对各因素以及参与程度指标进行了简要的描述性统计。

从表4.1可以看出，参与调查问卷的对象年龄均值为24.94，学历均值为2.92，说明问卷调查对象主要为中青年群体，主要为在校或者刚毕业的大学生。居住地均值为2.99，支出水平均值为2.14，说明问卷调查对象的月支出均值在1 500~2 500元区间内。成本感知的调查数据显示，网约车和网上订房的成本感知均值超过0.5，说明消费者在参与网约车和网上订房时，比参与网上订餐更关注价格。成本感知有用的调查数据显示，网约车和网上订餐的感知有用均值超过0.5，说明方便快捷是消费者参与网约车和网上订餐主要原因。个人利得的调查数据显示，三种分享平台消费模式的均值都未超过0.5，说明消费者对参与分享平台消费的服务态度认同度还不高。风险感知的调查数据显示，网约车和网上订房的风险感知均值比网上订餐高，说明参与网约车和网上订房的消费者更加在意消费的安全问题。从消费占比来看，网约车消费占比均值为1.44，说明其消费占月支出比重为1%~10%左右，网上订餐和网上订房的消费占比均值分别为2.03和2.02，说明两者的消费占比都在10%~20%之间，比网约车消费占比更多。

表 4.1　消费者参与分享平台消费选择模型的变量选择及其定义

变量种类	变量分类	变量名称	变量定义	消费种类	均值	标准差
客观因素	个体因素	年龄	实际年龄（周岁）		24.936 71	8.498 866
		学历	1= 初中或初中以下；2= 高中或中专；3= 大专或本科；4= 硕士研究生；5= 博士研究生		2.921 817	0.815 640 1
	社会因素	居住地	1= 特大型城市；2= 大城市；3= 中等城市；4= 县城；5= 乡镇		2.989 576	1.037 973
	经济因素	支出水平	月收入：0=1 000 元以下；1=1 000~1 500 元；2=1 500~2 500 元；3=2 500~3 000 元；5=3 000 元以上		2.136 262	1.631 486
主观因素	成本感知	$R_1(i)$	价格相对较便宜（未选中 =0，选中 =1）	i= 网约车	0.534 624	0.498 985 5
				i= 网上订餐	0.376 768 4	0.484 756 6
				i= 网上订房	0.685 778 1	0.464 378 1
	感知有用	$R_2(i)$	节省等候的时间、更加方便快捷、能够与陌生人更好地交流（未选中 =0，选中 =1）	i= 网约车	0.709 605 4	0.454 113 6
				i= 网上订餐	0.800 446 8	0.399 813 4
				i= 网上订房	0.107 222 6	0.309 511 3
	个人利得	$R_3(i)$	相对更好的服务态度（未选中 =0，选中 =1）	i= 网约车	0.217 423 7	0.412 646 8
				i= 网上订餐	0.134 028 3	0.340 809 6
				i= 网上订房	0.260 610 6	0.439 131 3
	风险感知	$R_4(i)$	相对更加安全（未选中 =0，选中 =1）	i= 网约车	0.258 376 8	0.437 905 2
				i= 网上订餐	0.078 927 8	0.269 726 4
				i= 网上订房	0.197 319 4	0.398 123 7
	其他因素	$R_5(i)$	其他因素（未选中 =0，选中 =1）	i= 网约车	0.129 560 7	0.335 944 6
				i= 网上订餐	0.128 816 1	0.335 121 1
				i= 网上订房	0.241 995 5	0.428 451 1
参与程度	消费占比	$P_i(i)$	0= 其他；1=1%~10%；2=10%~20%；3=20%~40%；4=40%~60%；5=60% 以上	i= 网约车	1.437 081	1.122 336
				i= 网上订餐	2.025 316	1.296 315
				i= 网上订房	2.021 593	1.555 811

资料来源：表中数据由调查问卷搜集的参与者信息收集整理所得。

第五节 实证检验

一、计量模型设定和回归分析方法

由前文分析可知，影响消费者参与消费决策的影响因素有很多，其中一些是消费者主观因素如风险感知、感知有用等，还有一些如学历、年龄以及收入水平等属于消费者客观因素。前文已经具体分类，在此不再赘述。

根据前文对变量的选择和模型设定分析，本章研究消费者参与分享平台消费影响因素的计量模型为：

$$P_i=\beta_0+\beta_1A_1+\beta_2D+\beta_3S+\beta_4E+\beta_5R_1+\beta_6R_2+\beta_7R_3+\beta_8R_4+\beta_9R_5+\varepsilon_i$$

现有文献中研究消费者参与某种消费形式的影响因素所使用的模型一般有两种：一种是多项 Logit 模型，一种是嵌套 Logit 模型。由于现有关于分享经济的数据较少，考虑到本章是通过调查问卷形式获得的关于消费者行为选择的数据，问卷中很多问题选择为二值的，即很多变量数据为 0 和 1，传统的 OLS 回归方法并不适合，因此选用多项 Logit 模型。

使用多项 Logit 模型前提要求是选择项的独立无关性（IIA 假设），即选择项之间是分别独立的，增加或减少一个选择项不会改变所有选项中任意两个选项的概率发生比值；同时，选择项不随方案的变化而变化。通过上文对影响因素的分析，可以看出我们的研究变量符合使用多项 Logit 的要求。在进行模型设定后，为了区分主客观因素对消费者参与分享平台消费的影响程度，我们进行了主观、客观、主客观三种实证回归，同时也将不同的分享平台消费模式分别进行了实证回归。

二、回归结果分析

表 4.2 至表 4.4 描述了网约车、网上订餐、网上订房三种分享平台消费参与程度的多项 Logit 模型回归结果，分别从客观因素、主观因素以及整体影响

因素分析。其中（1）、（2）、（3）、（4）、（5）分别代表了消费者参与程度为1%~10%、10%~20%、20%~40%、40%~60%和60%以上。检验表明，各个模型总体上通过了显著性检验和理论假设检验。下面通过各个回归结果表对各因素影响消费者参与分享平台消费的程度和意愿逐一进行分析。

（一）消费者参与网约车的影响因素回归结果分析。

表4.2通过Logit模型对消费者进行网约车影响因素分析。客观因素方面，在不同参与程度组别中，年龄均与消费参与程度成显著负相关；同时随着参与程度增加，负相关显著程度也在增加，说明随着年龄的增长，消费者对分享平台的接受程度在下降，这与前文的假设H1b是一致的。消费支出水平与消费者参与网约车程度成正相关，随着参与程度的增加，消费支出对其影响程度越来越大，即系数越来越显著，从最开始程度在1%~10%时不显著但系数为正到参与程度增加到60%以上时在5%的水平下显著为正，验证了假设H1a成立。学历对消费者参与网约车程度低时的影响为正，并且是显著的，说明学历越高，消费者参与网约车的意愿越强烈，而在参与程度高的组别，学历虽然对消费者参与网约车程度的影响不显著，但能从实证结果看出是影响正向的，总体上是可以验证假设H1a成立。区域不同在消费者参与网约车的程度较低时是正相关不显著，此时与我们的假设H1c是相违背的，但随着消费比重增加，区域差异的影响越显著，且系数转变为负值，消费比重在60%以上时，区域差异在1%的水平上显著且系数增加为−0.432，这说明随着消费者所处区域的经济水平上升，消费者参与网上约车的比重越大，从而验证了假设H1c是成立的。

主观因素方面，消费者在网约车上消费比重较低时，成本感知在10%的显著性水平上是显著的，且系数为正值。这说明消费者不参与网约车可能是觉得成本高，例如消费者上班地方较近，只用自行车或者步行就可以到达。随着消费者参与网约车程度变高时，成本感知系数变得不显著，说明当消费者经常使用网约车后，其对成本考虑减少。但成本感知系数仍为正值，这说明成本感知对消费者参与网约车还是有一定影响的，因此假设 H4 成立。个人利得在消费者参与网约车参与程度为 60% 以上时具有显著影响，且系数为正值，这说明当消费者在参与网约车后，网约车给自己带来的方便和舒适等感官越强时，其参与程度越高，因此假设 H3 成立。风险感知在消费者参与程度为 40%~60% 时有显著影响，各组别的系数均值基本为正。由于我们设置的问卷问题更安全，因此系数为正表示越安全，参与意愿越强烈，可以验证假设 H2 是成立的。在感知有用系数在不同组别的有正有负，但大体上为正值，基本验证了假设 H5。

（二）**消费者参与网上订餐影响因素的回归结果分析**。

表 4.3 是对消费者参与网上订餐多项 Logit 回归分析。客观因素方面，年龄和学历依旧是影响消费者参与程度的主要因素，年龄因素在消费者参与网上订餐的各个程度上都是有显著影响的，且系数为负值。这说明年龄越大，愿意网上订餐的消费者越少。由于我们调查问卷的对象都是 18 岁成年人及以上，多数集中在大学，因此，该项回归结果也符合现实情况。多数中老年人已经有工作或者固定的饮食地点，同时对网上购物的认可度不同，可能导致其参与意愿较低，因此假设 H1b 成立。学历则是在 40%~60% 的参与度上显著相关，且系数为正。这说明学历越高，对消费者参与意愿有一定的促进作用，因此假设 H1a 成立。居住地的系数虽然显著程度不高，但基本为负值，说明最终居住地经济水平越高，消费者参与网上订餐的程度越高，这与现实相符，偏远地区或者农村基本不存在网上订餐，因此假设 H1c 成立。

主观因素方面，成本感知系数在各参与组别虽然不显著，但均为正值，说明消费者参与网上订餐时会考虑成本，但不会过多在意，可能是因为网上订餐相对来说价格较为便宜，因此假设 H4 成立。感知有用的系数在消费者各参与组别的系数均为正值，在消费者参与网上订餐程度较高时，其系数在 1% 的水平上显著，说明当消费者经常网上订餐时，其更加看重网上订餐的便利性和快捷性，因此假设 H5 成立。个人利得系数在各参与组别基本为正，但系数不显著，说明消费者在参与网上订餐时个人利得是其考虑的主要因素，因此假设 H3 成立。风险感知不显著，但系数基本为正，说明消费者在参与网上订餐时会更考虑安全问题，但安全因素还没有成为动力因素，总体上可以验证假设 H2 成立。

（三）**消费者参与网上订房影响因素回归结果分析**。

表 4.4 消费者参与网上订房影响因素的多项 Logit 回归分析。客观因素方面，年龄在消费者参与网上订房程度在 20%~40% 和 60% 以上时显著，说明消费者年龄越大，网上订房意愿越低，因此 H1b 成立。学历在各消费者参与程度上都有显著影响，且系数为正值，这说明学历越高，网上订房意愿越强。个人支出只有在网上订房消费参与比重在 60% 以上时才有显著影响。这说明当消费者参与网上订房后，支出水平越高，参与网上订房的程度更高，因此假设 H1a 成立。所处城市规模不同只对参与程度较高的消费者意愿有显著影响，且系数为负值。这说明当城市规模越大时，消费者参与网上订房的意愿越强烈且程度越高，因此假设 H1c 成立。

主观因素方面，成本感知在各个消费比重上都有显著影响，且系数为正。这说明消费者网上订房成本因素是其重点考虑的，毕竟网上订房比之前的网约车和网上订餐成本更大，这个回归结果符合现实情况，因此假设 H4 成立。消费者在网上订房消费参与比重为 40%~60% 时，感知有用即网上订房的便利性等因素对消费者参与意愿影响显著，且随着感知有用越强烈，参与意愿越强，参与程度越高，因此假设 H5 成立。个人利得也是对各不同消费比重具有显著影响。这说明消费者在选择参与网上订房的意愿和程度都会考虑到个人利得，个人网上订房的物质上或者精神上的收益都将影响消费者选择行为，且个人利得越多，消费者网上订房的意愿越强，这也与现实情况相吻合，因此假设 H3 成立。风险感知主要在消费者网上订房消费比重在 20%~60% 时显著，这说明当消费者使用网上订房时，风险因素是其消费意愿的重要影响因素，其系数为正，风险越低，消费意愿越强烈，因此前文假设 H2 成立。

表 4.2　网约车多项 Logit 模型回归分析

网约车	P_i	(1)			(2)			(3)			(4)			(5)		
		客观	主观	主客观	客观	主观	主客观	客观	主观	主客观	客观	主观	主客观	客观	主观	主客观
客观因素	A	−0.033 3** (−2.87)		−0.030 5* (−2.53)	−0.037 4** (−2.62)		−0.033 5* (−2.26)	−0.033 6 (−1.78)		−0.029 7 (−1.52)	−0.095 2** (−3.16)		−0.083 1** (−2.65)	−0.075 8** (−2.91)		−0.072 2** (−2.73)
	D	0.283* (2.42)		0.246* (2.07)	0.065 4 (0.47)		0.044 5 (0.31)	0.345* (2.05)		0.283 (1.64)	0.384 (1.70)		0.328 (1.41)	0.235 (1.16)		0.163 (0.78)
	S	−0.003 08 (−0.03)		0.0035 (0.04)	−0.010 9 (−0.10)		0.007 2 (0.06)	−0.215 (−1.47)		−0.194 (−1.30)	0.020 6 (0.12)		0.036 9 (0.21)	−0.432* (−2.41)		−0.423* (−2.28)
	E	0.033 3 (0.48)		0.05 (0.74)	0.116 (1.42)		0.13 (1.53)	0.231* (2.25)		0.233* (2.22)	0.306* (2.45)		0.328* (2.56)	0.365** (3.05)		0.361** (2.98)
主观因素	R_1		0.629** (3.10)	0.595** (2.88)		0.42 (1.74)	0.4 (1.65)		−0.105 (−0.35)	−0.007 89 (−0.03)		0.539 (1.52)	0.52 (1.44)		−0.257 (−0.73)	−0.157 (−0.44)
	R_2		0.18 (0.83)	0.02 (0.11)		−0.149 (−0.59)	−0.251 (−0.97)		0.34 (0.99)	0.218 (0.62)		1.012* (2.19)	0.867 (1.85)		−0.044 8 (−0.12)	−0.152 (−0.39)
	R_3		0.28 (0.97)	0.31 (1.06)		0.566 (1.78)	0.587 (1.84)		0.822* (2.23)	0.799* (2.13)		0.077 7 (0.17)	0.098 4 (0.22)		0.983* (2.39)	1.052* (2.50)
	R_4		−0.017 (−0.07)	−0.11 (−0.44)		0.438 (1.53)	0.353 (1.22)		0.457 (1.33)	0.403 (1.15)		1.270** (3.23)	1.145** (2.87)		0.693 (1.80)	0.543 (1.37)
	R_5		−0.966*** (−3.83)	−0.963*** (−3.74)		−1.027** (−3.15)	−1.036** (−3.16)		−1.466** (−2.92)	−1.375** (−2.69)		−0.861 (−1.47)	−0.864 (−1.46)		−1.769** (−2.65)	−1.707* (−2.53)
常数项		1.726**	1.464***	1.569*	0.97	0.289	0.835	−0.568	−0.776*	−0.756	−0.568	−2.356***	−1.952	0.537	−1.049*	0.654
t 值		(2.86)	(6.06)	(2.42)	(1.35)	(1.02)	(1.08)	(−0.65)	(−2.07)	(−0.79)	(−0.50)	(−4.65)	(−1.56)	(0.52)	(−2.49)	(0.58)

注：表中各个系数下面的圆括号中的值是该系数的 t 统计量；***、**、* 分别表示在 1%、5% 和 10% 下显著。

资料来源：表中数据由 Stata 15.0 软件对数据回归整理所得。

表 4.3　网上订餐多项 Logit 模型回归分析

网上订餐	P_i	(1)			(2)			(3)			(4)			(5)		
		客观	主观	主客观	客观	主观	主客观	客观	主观	主客观	客观	主观	主客观	客观	主观	主客观
客观因素	A	−0.042 8**		−0.043 0**	−0.087 7***		−0.090 3***	−0.100***		−0.103***	−0.150***		−0.154***	−0.161***		−0.163***
		(−3.12)		(−3.01)	(−5.50)		(−5.42)	(−5.33)		(−5.31)	(−5.57)		(−5.64)	(−5.19)		(−5.17)
	D	0.183		0.136	0.173		0.123	0.491**		0.433*	0.251		0.202	0.388		0.321
		(1.25)		(0.90)	(1.10c		(0.75)	(2.85)		(2.44)	(1.23)		(0.96)	(1.73)		(1.39)
	S	−0.182		−0.104	−0.217		−0.126	−0.277*		−0.188	−0.244		−0.146	−0.211		−0.127
		(−1.47)		(−0.81)	(−1.65)		(−0.92)	(−1.98)		(−1.29)	(−1.58)		(−0.92)	(−1.27)		(−0.74)
	E	0.078 5		0.064 9	0.116		0.093 7	0.072 2		0.049 6	0.145		0.119	0.227		0.201
		(0.87)		(0.71)	(1.21)		(0.95)	(0.70)		(0.47)	(1.25)		(1.01)	(1.83)		(1.58)
主观因素	R_1		0.327	0.27		0.49	0.404		0.542	0.461		0.511	0.419		0.698	0.59
			(1.10)	(0.89)		(1.59)	(1.28)		(1.70)	(1.40)		(1.48)	(1.17)		(1.91)	(1.57)
	R_2		0.767**	0.439		0.973**	0.546		0.867**	0.397		0.665	0.18		1.827***	1.369**
			(2.60)	(1.40)		(3.09)	(1.63)		(2.61)	(1.12)		(1.79)	(0.46)		(3.89)	(2.81)
	R_3		0.21	0.11		0.209	0.152		0.385	0.307		0.010 5	−0.048 1		0.671	0.652
			(0.46)	(0.25)		(0.46)	(0.33)		(0.83)	(0.65)		(0.02)	(−0.09)		(1.30)	(1.23)
	R_4		−0.347	−0.21		0.171	0.37		−0.316	−0.048 6		0.009 12	0.246		0.52	0.738
			(−0.70)	(−0.41)		(0.34)	(0.71)		(−0.59)	(−0.09)		(0.02)	(0.41)		(0.89)	(1.21)
	R_5		−0.887**	−1.009**		−1.442***	−1.673***		−1.599***	−1.818***		−1.964***	−2.254***		−1.080*	−1.387**
			(−2.85)	(−3.07)		(−4.16)	(−4.55)		(−4.15)	(−4.47)		(−3.98)	(−4.42)		(−2.27)	(−2.81)
常数项		3.052***	1.520***	2.844**	3.779***	0.870*	3.514***	2.978***	0.557	2.875**	3.943***	0.152	4.062***	3.190**	−1.493**	2.032
t 值		(3.80)	(4.64)	(3.22)	(4.43)	(2.51)	(3.73)	(3.30)	(1.52)	(2.89)	(3.74)	(0.37)	(3.55)	(2.81)	(−2.97)	(1.61)

注：表中各个系数下面的圆括号中的值是该系数的 t 统计量；***、**、* 分别表示在 1%、5% 和 10% 下显著。

资料来源：表中数据由 Stata 15.0 软件对数据回归整理所得。

表 4.4　网上订房多项 Logit 模型回归分析

网上订房	P_i	(1)			(2)			(3)			(4)			(5)		
		客观	主观	主客观	客观	主观	主客观	客观	主观	主客观	客观	主观	主客观	客观	主观	主客观
客观因素	A	−0.014		−0.013 1	−0.012 2		−0.011 1	$-0.042\,8^{*}$		$-0.041\,1^{*}$	−0.027 8		−0.026 9	$-0.045\,6^{*}$		$-0.045\,0^{*}$
		(−1.09)		(−1.00)	(−0.82)		(−0.72)	(−2.12)		(−2.00)	(−1.28)		(−1.20)	(−2.55)		(−2.47)
	D	0.428^{**}		0.390^{**}	0.462^{**}		0.416^{**}	0.961^{***}		0.914^{***}	0.636^{**}		0.604^{**}	0.943^{***}		0.898^{***}
		(3.14)		(2.80)	(3.02)		(2.65)	(5.27)		(4.91)	(3.24)		(3.00)	(5.68)		(5.32)
	S	0.068 8		0.062 9	−0.057 1		−0.070 7	−0.143		−0.181	-0.401^{*}		-0.434^{**}	−0.145		−0.154
		(0.68)		(0.60)	(−0.49)		(−0.59)	(−1.09)		(−1.32)	(−2.56)		(−2.68)	(−1.17)		(−1.22)
	E	0.065 9		0.067 5	0.124		0.126	0.054 2		0.047 2	0.126		0.139	0.184^{*}		0.188^{*}
		(0.88)		(0.89)	(1.46)		(1.46)	(0.54)		(0.46)	(1.13)		(1.22)	(2.03)		(2.05)
主观因素	R_1		1.072^{***}	0.996^{***}		1.219^{***}	1.162^{***}		1.090^{***}	0.996^{**}		1.654^{***}	1.627^{***}		1.355^{***}	1.295^{***}
			(3.80)	(3.55)		(3.89)	(3.71)		(3.29)	(2.97)		(4.16)	(4.04)		(4.17)	(3.92)
	R_2		0.82	0.782		0.915	0.934		0.855	0.856		1.553^{**}	1.606^{**}		0.558	0.613
			(1.73)	(1.64)		(1.82)	(1.84)		(1.62)	(1.59)		(2.86)	(2.91)		(1.05)	(1.14)
	R_3		1.074^{**}	0.990^{**}		1.274^{***}	1.210^{**}		1.726^{***}	1.634^{***}		1.360^{**}	1.348^{**}		1.082^{**}	0.998^{*}
			(3.05)	(2.79)		(3.42)	(3.22)		(4.50)	(4.19)		(3.21)	(3.14)		(2.83)	(2.57)
	R_4		0.448	0.469		0.662	0.67		0.898^{*}	0.951^{*}		0.845	0.866^{*}		0.335	0.389
			(1.28)	(1.32)		(1.76)	(1.76)		(2.30)	(2.39)		(1.96)	(1.97)		(0.85)	(0.97)
	R_5		−0.342	−0.436		−0.339	−0.406		−0.164	−0.266		−0.333	−0.358		−0.193	−0.26
			(−1.11)	(−1.42)		(−0.98)	(−1.17)		(−0.44)	(−0.70)		(−0.74)	(−0.79)		(−0.55)	(−0.73)
常数项		0.438	0.799^{*}	−0.161	−0.455	−0.424	−1.256	−1.273	-1.018^{**}	-2.121^{*}	−0.645	-1.935^{***}	−2.012	−1.119	−0.54	-1.915^{*}
t 值		(0.64)	(2.56)	(−0.21)	(−0.59)	(−1.22)	(−1.49)	(−1.48)	(−2.76)	(−2.26)	(−0.67)	(−4.43)	(−1.91)	(−1.40)	(−1.51)	(−2.19)

注：表中各个系数下面的圆括号中的值是该系数的 t 统计量；***、**、* 分别表示在 1%、5% 和 10% 下显著。

资料来源：表中数据由 Stata 15.0 软件对数据回归整理所得。

三、异质性分析

通过实证检验，我们很容易看出消费者关于网约车、网上订餐、网上订房参与意愿的影响因素程度是不同的（见表4.5），不同分享平台消费模型下，消费参与的影响因素存在一定的异质性，这是由于消费者所消费的商品和服务本身存在异质性、消费者有不同的消费偏好以及对商品预期存在差异等因素造成的。因此我们需要分开进行讨论。

表4.5　消费者参与不同分享经济模式异质性影响因素

变量种类	变量分类	变量名称	网约车	网上订餐	网上订房
客观因素	个体因素	年龄	– (**)	– (***)	– (*)
		学历	+ ( )	+ (*)	+ (**)
	社会因素	居住地	– ( )	– (*)	– (*)
	经济因素	支出水平	+ ( )	+ ( )	+ ( )
主观因素	成本感知	$R_1(i)$	+ (**)	+ ( )	+ (***)
	感知有用	$R_2(i)$	+ ( )	+ (**)	+ (*)
	个人利得	$R_3(i)$	+ (*)	+ ( )	+ (***)
	风险感知	$R_4(i)$	+ (*)	+ ( )	+ (*)
	其他因素	$R_5(i)$	— (***)	— (***)	— (***)

注：“+”和“–”分别表示对应的系数正负，括号里的 * 号表示相关程度。

资料来源：表中数据由Stata 15.0软件对数据回归整理所得。

从表4.5可以看出，消费者参与网约车的意愿和程度的主要影响因素有年龄、成本感知，一般影响因素有个人利得、风险感知以及居住地。网约车消费主体大多是青年。随着年龄的增长，人们对新鲜事物的接受能力是不断下降的，因此年龄对消费者参与意愿是显著负相关的；而成本感知、个人利得与消费者参与意愿和程度正相关。这是符合经济学原理的，消费者所花费成本越少或所获得效用越大，那么其更愿意消费并且持续消费此商品和服务；风险感知来自消费者对网约车这一新打车模式的不了解以及网约车缺乏较为正规的营业保证，作为风险厌恶者的消费者来说，风险因素必然是消费者进行网上约车所要考虑的重要因素。其他一些因素虽然不够显著，但从变量系数可以看出是符合前文假设的。

消费者参与网上订餐的意愿和程度的主要影响因素有年龄和感知有用，一般因素有学历和居住地等。在现实生活中随着年龄的增长，人们的生活越来越紧凑，不像学生时代有充足的时间就餐，快餐成为人们工作生活不可或缺的一部分，网上订餐已经成为工作人群必备的一项生活技能。因此随着年龄的增长，消费者开始主动或被动地接受并且参与到网上订餐中；调查问卷中的感知有用是指可以节省时间以及更加快速地获得商品和服务。这也和现实情况相符合，网上订餐节省了我们回家路程和准备饮食所花费的时间。学历与消费者参与意愿存在正向相关，更多的可能是学历高低在一定程度上决定了消费者个人收入以及所处职业有关，越高的学历一般收入都会更高，生活节奏较快，网上订餐成为其节约时间的主要选择。居住地越繁华的地方网上订餐的供给和需求更多，乡镇相对来说网上订餐相对较少，对于消费者来说成本太高。

消费者参与网上订房的意愿和程度的主要影响因素有学历、成本感知以及个人利得，一般因素有年龄、感知有用以及风险感知。如前文所述，学历在一定程度影响我们的个人收入、职业以及认知程度，较高的学历使得人们有较高的收入，能在一定程度上负担较为高额的住房费用，同时也能让人们较快接受网上订房交易。例如，网上购买火车票，对于受过高等教育的人们来说比较容易接受；网上订房与前面的网约车和网上订餐相比需要更高费用。因此消费者在参与网上订房过程中更多会考虑其付出的成本以及利得。网上订房一般都是针对中青年消费者，老年消费者一般不会或者不直接进行网上交易，因此，随着年龄增长，消费者参与网上订房的意愿和程度越低；感知有用以及风险感知主要是针对消费者对于网上订房的便利性和安全性考虑，舒适的居住环境以及良好的安全防护，对于需要在一个陌生的环境居住一段时间的消费者来说是至关重要的。

总体来说，在不同分享平台消费模式下，我们提出的相关因素对消费者的参与意愿的影响程度和类别是不同的，其中一些影响因素虽然不显著但从其系数依然可以看出是符合前文假设的。对比前文多个表格分析时可以发现 R_5（其他因素）在多次回归分析时都是显著的，这说明还有一些不确定性因素对消费者参与分享平台消费的意愿程度有显著影响，只是课题组暂时还未列出，这也是本章研究不足之处，需要进一步调查和研究。

第六节　提升分享平台消费参与的政策设计

一、完善分享平台客户交互体系

从事分享经济的企业需要解决的主要问题在于，如何更加方便快捷地为客户个性化需求提供相匹配的服务，减少闲置资源的搜索和转移时间，为有需求的客户提供更加丰富的资源。通过完善平台客户交互体系、简化交易流程、提升客户端响应速度、优化平台个性化服务，使得双边消费者在平台上交流、交易等互动更加便利，提高感知易用性。

二、完善平台双边消费者信用评价机制

分享消费平台的目的是让消费者能够快速准确地完成相应的交易，因此平台的监管制度需要进一步完善，保障消费者所获得产品和服务的质量以及安全可靠性。政府和企业需要建立相应的质量管制以及严格准入审核，防止道德风险和逆向选择的发生。对平台双边的消费者进行详细的征信登记，严格处罚平

台上售卖虚假产品、缺乏安全保障的产品与服务等行为，对失信的消费者进行公开披露，根据其行为恶劣程度进行相对应的惩罚，如警告、扣除信用积分以及永久禁止该消费者进入其双边市场等。同时鼓励平台消费者积极检举揭发相应产品和服务，好的产品服务提供商进行声誉积分奖励，有问题的提供商则给予相应的扣分处罚，督促其优化自身产品和服务。

三、构建分享平台自身声誉评价体系

一个优质的平台能给消费者带来安全感以及持续使用的意愿，例如，京东、淘宝等已经成为我们购物不可或缺的渠道，是因为它们具有良好的企业声誉，这是其宝贵的无形财产，能够使得消费者依赖并且一直相信其产品和服务质量。因此，分享消费平台企业如果想做大做强并且能够深入人心，就要注重维护自己的声誉，注重品牌建设，关注消费者评价及相应服务机制，本章实证检验说明分享消费平台服务态度的考查，其显著正向地影响消费者持续使用意愿。因此，构建良好的声誉评价体系，吸引更多消费者关注并持续依赖该平台，需要政府相应监督政策落实以及企业自身与消费者签订相关规范协议的保证。

四、规范分享平台的创新创业行为

分享平台的网络性离不开众多平台创新创业者参与。因此规范分享平台创新创业行为至关重要。这需要政府、网络平台和社会群体共同努力。政府需要出台各类分享平台的经营规范，引导和促进各地方、各部门之间的合作，有效地利用各方资源，制订行之有效的分享平台发展方案。地方政府可以投资设立分享平台创新实验室为孵化器和研发中心，研究各类分享平台的运行模式，促进各行业间关于分享模式的互相学习借鉴，探讨分享平台创新创业行为共需的道德规范和行为准则。

五、加强分享平台的安全监管力度

分享经济依托于互联网平台企业，因此这些企业拥有用户的绝大部分信息，也因而创建了比较合理自律监管体系，但这种自我监管机制并不能让人信服，仍存在监守自盗的嫌疑，因此政府安全监管也必不可少。政府需要督促平台加强身份登记审查力度；促进用户与平台的协议签订的规范化、合法化；明确交易三方的权利和义务；健全消费者保护、安全保障、交易规则、不良信息处理等管理制度；设立向监管部门投诉举报的渠道，做到让消费者在参与分享平台消费中遇到问题时有法可依、有地可诉。

本章小结

消费者的学历越高或者收入越高，其参与分享平台消费的意愿程度越高；年龄越大，消费者参与分享平台消费意愿程度越低；消费者居住地的经济水平越高，其参与分享平台消费的意愿程度越高。消费者所感知的风险越强，其参与分享平台消费的意愿程度越低。个人利得越高，消费者参与分享平台消费的意愿程度越高。成本感知越高，消费者参与分享平台消费的意愿程度越低。感知有用性越强，消费者参与分享平台消费的意愿程度越高。消费者参与不同的分享模式的影响因素具有异质性。由此可见，影响分享平台消费参与意愿主要有成本感知、个人利得和风险感知等主观因素。因此，政府和分享消费平台可以通过改变消费者的主观感受来提升分享平台消费参与的意愿。

前面三章主要从分享经济的成长演化机理、分享经济促进服务消费升级的实现机理以及分享平台消费参与的影响因素三个方面阐释了分享经济与服务消费的内在联系。由于分享经济作为新型商业模式对服务消费的影响很难进行定量研究，但考虑到分享经济的出现是互联网技术创新的结果，移动互联网也是分享平台的技术支撑，所以本书后面的三章主要把互联网技术作为分享经济的替代变量，研究互联网技术对服务消费升级的影响机制。

第五章　我国居民消费结构演变的服务化和平台化特征

第一节　引　　言

消费作为拉动经济增长的“三驾马车”之一，是促进经济增长的重要引擎。国家“十二五”时期把扩大消费需求作为扩大内需的战略重点，在“十三五”规划中，也强调适应消费加快升级，以消费环境改善释放消费潜力，改善大众消费预期，挖掘农村消费潜力，着力扩大居民消费。但自2008年国际金融危机以来，全球经济增长放缓，国内经济下行压力加大，特别是国际产业逆转移和贸易摩擦使国内外向型加工制造业发展受阻，投资和出口对经济增长的拉动作用减弱，充分释放消费对经济增长的引擎作用尤为迫切。

收入和价格是影响消费的基本因素。基本的收入经济学理论包括凯恩斯的绝对收入假说、杜森贝里的相对收入假说、弗里德曼的持久收入假说以及莫迪利安尼提出的生命周期假说。而价格则通过收入效应和替代效应进一步影响消费。此外，影响消费的其他重要因素还包括城镇化进程和互联网技术的普及（曾世宏 等，2019a）。城镇化主要通过收入效应和示范效应对消费产生影响。互联网技术对消费的影响主要有以下三个方面。

一是互联网提供了新型消费平台。互联网打破了传统消费模式所具有的局限性，为居民消费提供了新型平台。淘宝、京东、拼多多等多家网络消费平台的搭建，吸引了大批居民进行网络消费，消费方式由线下转向为线上。同时，商家借助大数据合理分析消费者的个人需求，为其定制更具个性化的消费产品与服务，推动特色化生产模式的实现。互联网将网络消费平台与实体消费平台相结合，将“线上线下”进行有效衔接，打造两种消费平台共同发展的新模式，以期为消费结构优化提供更加合理的新途径，更好地适应居民消费升级的大趋势。

二是互联网改变了居民消费观念。由于网民年龄结构在不断变化，年轻一代“90后”以及“00后”网民对产品与服务产生新的要求，同时，互联网正逐渐向高龄消费群体渗透，冲击着其对于消费的认知，逐渐改变着高龄群体传统的消费模式，居民的消费理念在潜移默化中发生改变。

三是互联网优化了居民消费结构。随着居民收入水平逐渐提高，居民对生活的需求已不仅仅满足于基本的物质消费等低层次消费，转而向更高消费层次延伸，居民更加期望具有个性化、特色化、定制化、情感化的产品与服务产生，而之前的传统消费模式逐渐不能适应新时代居民多样化的消费需求。此时，以互联网为载体的新型消费应运而生，使居民得到不同于传统实体经济消费模式的更加多样便捷的消费体验，居民消费由生存型向发展以及享受型消费转型，实物型向服务型消费转型，消费结构优化升级、趋向合理。

正是基于这些背景，本章以我国城乡居民的消费现状为研究对象，研究近些年来我国城乡居民消费的变化情况，并总结其变化特征。同时，依据变化特征，找出居民消费过程中可能的影响因素，探求各因素对消费的影响程度，为余下章节分析互联网技术影响公共服务消费升级的实现机理做前期的经验分析。

第二节　我国居民消费水平的时序变化特征：2008—2019 年

一、城乡居民人均消费支出比呈下降趋势，但差距依然较大

如图 5.1 所示，从城乡居民消费水平来看，2008—2012 年，我国城乡居民的消费水平逐年提高，城镇居民消费均高于农村居民，但其增速较低。2008 年城镇居民消费为 11 242.9 元，农村居民为 3 660.7 元。至 2012 年，我国城镇居民消费为 16 674.3 元，较 2008 年增长了约 48.31%；农村居民消费为 5 908 元，增长了 61.39%，整体增速略高于城镇居民消费增速。2012 年城镇居民消费是农村居民消费的 2.82 倍，较 2008 年比值有所缩小。

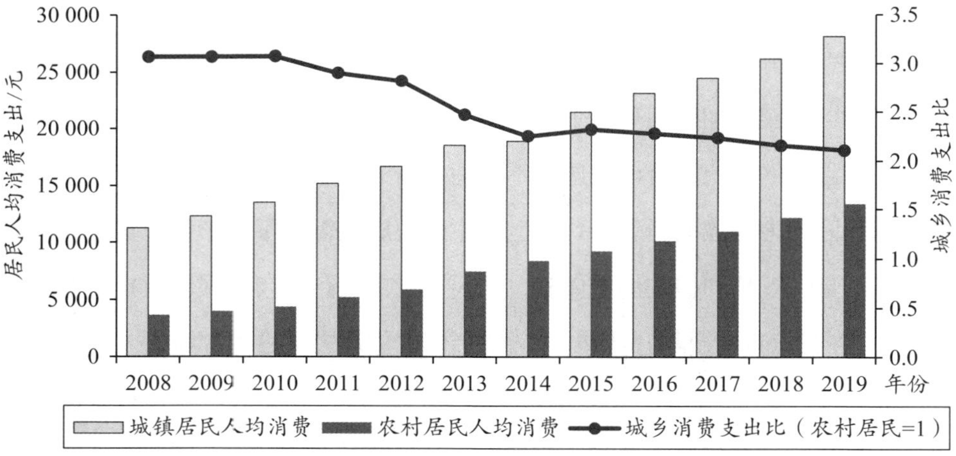

图 5.1　2008—2019 年我国城乡居民人均消费支出变化

注：2008—2019 年均为农村居民人均消费，2008—2012 年为城镇居民人均现金消费，2013—2019 年为城镇人均消费。

数据来源：历年《中国统计年鉴》。

从城乡居民消费支出比来看，将农村消费设为 1，则 2008 年城镇居民消费约是农村居民消费的 3.07 倍，2009 年及 2010 年两者比值基本不变，皆维

持在3.07左右。然而，2011年城乡消费支出比较之前略有下降，下降至2.90，2012年比值降至2.82。整体来看，2008—2012年城乡消费支出比整体上成先平稳后下降趋势。在2013年以后，国家统计局开展了不同于以往的城镇一体化居民收支调查，城镇人均现金消费支出调整为城镇人均消费支出，故2013年之后的数据不可与之前的比较。

从城乡居民消费水平来看，2013—2019年，我国居民人均可支配收入稳步上升，2013年城镇居民人均可支配收入为18 488元，而至2019年已经达到28 063元，增长了约51.79%。同时，我国农村居民消费也在逐年提高，2013年消费为7 485元，2019年增长至13 328元，较2013年增长了约78.06%。农村居民人均消费增长率比城镇居民人均消费增长率高26.27个百分点。

从城乡居民消费支出比来看，若农村人均消费为1，则2013—2019年城乡消费支出比逐年缩小，由2013年的2.47下降至2019年的2.11，说明城乡之间人均消费支出差距逐渐减小，尤其是农村居民消费较2013年已有较大变化，但城乡消费差距依然逐年增大。同时，在2013—2019年间，我国居民人均可支配收入与人均消费支出的变化趋势基本一致，呈现一种较为稳定的线性关系。

二、城镇居民平均消费倾向呈明显下降趋势

消费倾向是指在居民生活中消费支出占收入的比率，分为平均消费倾向（APC）与边际消费倾向（MPC），由凯恩斯于1936年首次使用，其认为消费会随着收入的增加而增加，但消费增长量会小于收入增长量（即APC递减），且消费增长量随时间递减（即MPC递减）。

如图5.2所示，从平均消费倾向来看，2008—2012年，城镇与农村居民平均消费倾向大小及趋势基本一致，相互交叉变化。从平均消费倾向来看，城镇居民整体下降，而农村的则先轻微下降后略有回升，在2010年达到最小，为0.69，后回升至0.70。由于变化微小，可近似认为在此期间，城乡居民平均消费倾向基本保持稳定，略有轻微下降趋势，服从凯恩斯平均消费倾向递减规律。

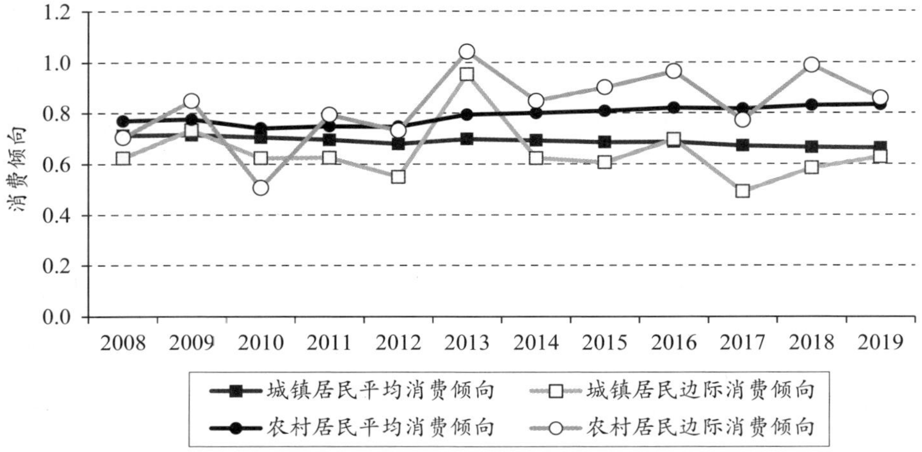

图 5.2　2008—2019 年城乡居民 APC 与 MPC

数据来源：历年《中国统计年鉴》。

而在 2013—2019 年，城乡居民平均消费倾向趋势略有不同，农村居民平均消费倾向均高于城镇居民，呈现上升趋势，由 0.79 上升到 0.83，城镇居民平均消费倾向整体呈现下降趋势，由 0.70 降至 0.66。随着时间推移，城乡差距也愈加明显。农村居民平均消费倾向均波动较小，较为稳定。城镇居民平均消费倾向在 2008—2012 年和 2013—2019 年两个期间均基本呈现下降趋势，符合凯恩斯平均消费倾向递减规律。农村居民平均消费倾向在 2008—2012 年呈轻微下降趋势，在 2013—2019 年整体上升。

从边际消费倾向来看，城乡居民的边际消费倾向的波动幅度大于其平均消费倾向。2008—2012 年，城乡居民边际消费倾向变动趋势基本一致，但变动幅度不同。城镇居民边际消费倾向呈先上升后下降再上升再下降的变化趋势，每年变化都相对明显。2008—2009 年呈上升趋势，由 0.65 上升到 0.76，此时和城镇居民边际消费倾向的大小及趋势皆相同；而后降至最低点 0.46，低于城镇居民的 0.64；2011 年的 0.75 和 2012 年的 0.69 均高于城镇居民的 0.53 和 0.56。而城镇居民的边际消费倾向于 2009 年上升到最高点 0.64 后，就一直下降至

0.56。2014—2019 年，城乡居民边际消费倾向变动趋势基本一致，且两者差距也大致相同。两者皆于 2014—2016 年大致上升，农村和城镇居民分别升至 0.96 和 0.70，而后下降至最低点 0.77 和 0.49，最后上升至 0.99 和 0.58。

整体来说，城乡居民平均消费倾向和边际消费倾向变动波动不大，农村居民消费倾向的变动略大于城镇居民。且在 2008—2012 年，城乡居民的消费倾向相互重合交叉变动；2013—2019 年间，农村的消费倾向均大于城镇消费倾向，且两者差距逐年扩大。城乡消费倾向大致符合凯恩斯的消费倾向递减理论，这反映了我国居民消费信心不足。如何扩大消费，改善居民消费结构，这就要求找到消费的相关影响因素而进行下一步具体研究。

第三节　我国居民消费水平的空间变化特征：2010—2019 年

一、各省（自治区、直辖市）居民消费支出对比与排名

进一步测算全国 31 个省（自治区、直辖市）城乡居民人均消费支出，由表 5.1 列出。

表 5.1　2010 年、2015 年和 2019 年全国 31 个省（自治区、直辖市）城乡居民人均消费支出

地区		2010 年				2015 年				2017 年			
		城镇	排名	农村	排名	城镇	排名	农村	排名	城镇	排名	农村	排名
全国		13 472		4 382		21 392		9 223		28 063		13 328	
东部	北京	19 935	2	9 255	2	36 642	2	15 811	3	46 358	2	21 881	1
	天津	16 562	5	4 937	7	26 230	4	14 739	4	34 811	4	17 843	4
	河北	10 318	25	3 845	19	17 587	22	9 023	12	23 483	23	12 372	17
	辽宁	13 280	10	4 490	9	21 557	9	8 873	15	27 355	8	12 030	20
	上海	23 200	1	10 211	1	36 946	1	16 152	1	48 272	1	22 449	1
	江苏	14 358	7	6 543	4	24 966	6	12 883	5	31 329	6	17 716	5

表 5.1(续)

地区		2010 年				2015 年				2017 年			
		城镇	排名	农村	排名	城镇	排名	农村	排名	城镇	排名	农村	排名
东部	浙江	17 858	4	8 929	3	28 661	3	16 108	2	37 508	3	21 352	3
	福建	14 750	6	5 498	6	23 520	7	11 961	6	30 946	7	16 281	7
	山东	13 118	11	4 807	8	19 854	10	8 748	17	26 732	10	12 309	18
	广东	18 490	3	5 516	5	25 673	5	11 103	7	34 424	5	16 949	6
	海南	10 927	21	3 446	27	18 448	18	8 210	22	25 317	17	12 418	16
中部	山西	9 793	29	3 664	23	15 819	31	7 421	27	21 159	31	9 728	29
	吉林	11 679	15	4 147	13	17 973	20	8 783	16	23 394	25	11 457	23
	黑龙江	10 684	23	4 391	11	17 152	26	8 391	21	22 165	27	12 495	15
	安徽	11 513	16	4 013	15	17 234	24	8 975	13	23 782	21	14 546	9
	江西	10 619	24	3 912	17	16 732	29	8 486	19	22 714	26	12 497	14
	河南	10 839	22	3 682	22	17 154	25	7 887	24	21 972	28	11 546	21
	湖北	11 451	18	4 091	14	18 192	19	9 803	9	26 422	11	15 328	8
	湖南	11 825	13	4 310	12	19 501	12	9 691	10	26 924	9	13 969	11
西部	内蒙古	13 995	8	4 461	10	21 876	8	10 637	8	25 383	15	13 816	12
	广西	11 490	17	3 455	26	16 321	30	7 582	26	21 591	29	12 045	19
	重庆	13 335	9	3 625	24	19 742	11	8 938	14	25 786	12	13 112	13
	四川	12 105	12	3 898	18	19 277	14	9 251	11	25 367	16	14 056	10
	贵州	10 058	27	2 853	30	16 914	28	6 645	30	21 402	30	10 222	28
	云南	11 074	20	3 398	28	17 675	21	6 830	28	23 455	24	10 260	27
	西藏	9 686	30	2 667	31	17 022	27	5 580	31	25 637	13	8 418	31
	陕西	11 822	14	3 794	20	18 464	17	7 901	23	23 514	22	10 935	25
	甘肃	9 895	28	2 942	29	17 451	23	6 830	29	24 454	18	9 694	30
	青海	9 614	31	3 775	21	19 201	15	8 566	18	23 799	20	11 343	24
	宁夏	11 334	19	4 013	16	18 984	16	8 415	20	24 161	19	11 465	22
	新疆	10 197	26	3 458	25	19 415	13	7 698	25	25 594	14	10 318	26

数据来源：历年《中国统计年鉴》。

如表 5.1 所示，从城乡居民消费差距来看，2010、2015 和 2019 年这三年城镇居民人均消费支出远高于农村居民人均消费，例如，2010 年城镇和农村居民人均消费支出最高地区均是上海，分别为 23 200 元和 10 211 元，然而城镇是农村居民消费的 2.27 倍，差距较大。这表明城镇居民的消费水平远高于农村居民的消费水平，农村地区仍需扩大消费、拉动内需，以缩小与城镇消费差距。

二、东中西部消费差距对比

对全国、东部、中部和西部四个地区的最高消费地区及最低消费地区进行对比，并求出其差距及相差比例，如表 5.2 所示。

表 5.2　2010 年、2015 年和 2017 年东中西部消费差距对比

年份	地区	城镇				农村			
		最高	最低	差距 / 元	相差比例	最高	最低	差距 / 元	相差比例
2010	全国	上海	青海	13 587	141.32%	上海	西藏	7 544	282.86%
	东部	上海	河北	12 882	124.85%	上海	海南	6 764	196.28%
	中部	湖南	山西	2 033	20.76%	黑龙江	山西	727	19.85%
	西部	内蒙古	青海	4 381	45.57%	内蒙古	西藏	1 794	67.27%
2015	全国	上海	山西	21 128	133.56%	上海	山西	8 731	117.65%
	东部	上海	河北	19 360	110.08%	上海	海南	7 942	96.73%
	中部	湖南	山西	3 683	23.28%	湖北	山西	2 382	32.10%
	西部	内蒙古	广西	5 555	34.04%	内蒙古	西藏	5 058	90.64%
2017	全国	上海	山西	27 113	128.14%	北京	西藏	13 463	159.93%
	东部	上海	河北	24 789	105.56%	北京	辽宁	9 851	81.89%
	中部	湖南	河南	5 765	27.25%	湖北	山西	5 600	57.57%
	西部	重庆	贵州	4 384	20.48%	内蒙古	西藏	5 398	42.52%

数据来源：历年《中国统计年鉴》。

从东中西部消费差距来看，三个地区消费差距较为明显，东部地区城乡居民人均消费排名较为靠前，说明其支出较大，其次是中部地区，而西部地区整体消费排名较靠后，消费支出较东中部地区较小。东中西部消费支出差距较大，中西部需努力缩小差距。从时间来看，2019 年全国东中西部的之间消费相差比例，较 2010 年和 2015 年已缩小了很多，虽然消费差距问题依然突出，但我国东中西部之间的消费差距已在不断缩小，尤其是西部地区，近年来消费潜力较大，消费增长较快。从空间来看，2010 年、2015 年及 2019 年全国城乡居民人均消费支出最高的地区均为东部地区，多为上海，而消费支出最低的地区主要集中在西部地区的西藏以及中部地区的山西。

党的十九大报告强调，继续实施区域协调发展，加大力度支持贫困地区加快发展，强化举措推进西部大开发形成新格局。党的十八大以前，我国东、中、西部地区收入与消费差异较大，东部经济显著优于中西部，西部地区经济发展水平以及居民收入与消费情况均不乐观。然而，西部地区近几年来发展迅猛，消费增速飞快，居民消费水平迅速提高，东中西部地区消费差距已在逐年减小，国家区域协调发展的战略初见成效。

第四节　我国居民消费结构的时序变化特征：2010—2019 年

一、城乡居民消费支出结构变化

随着我国居民收入水平的提高，其消费能力明显提升，生活从衣食住行、教育医疗到各种休闲娱乐，各方面都发生了由量到质、由表及里的转变，消费结构持续优化。

如图 5.3 所示，自 2008 年以来，随着居民收入水平的提高，我国城镇居民各项消费支出在不断上升，其中食品消费作为最基本的生存类消费，其支出在总消费中的比重远远高于其他各项消费支出，一直处于首要地位，2008 年食品支出为 4 259 元，到 2019 年已升至 7 733 元，但食品消费支出在总消费中的中的比重有所下降。居住消费在 2008—2019 年的支出金额及波动幅度均不大，但在 2013—2019 年，城镇居民的居住消费支出已上升到除食品外的第二位置，上升趋势明显，并存在继续上升的趋势。市场房价的攀升以及居民对住房条件质量的提高使居民居住消费明显提高。

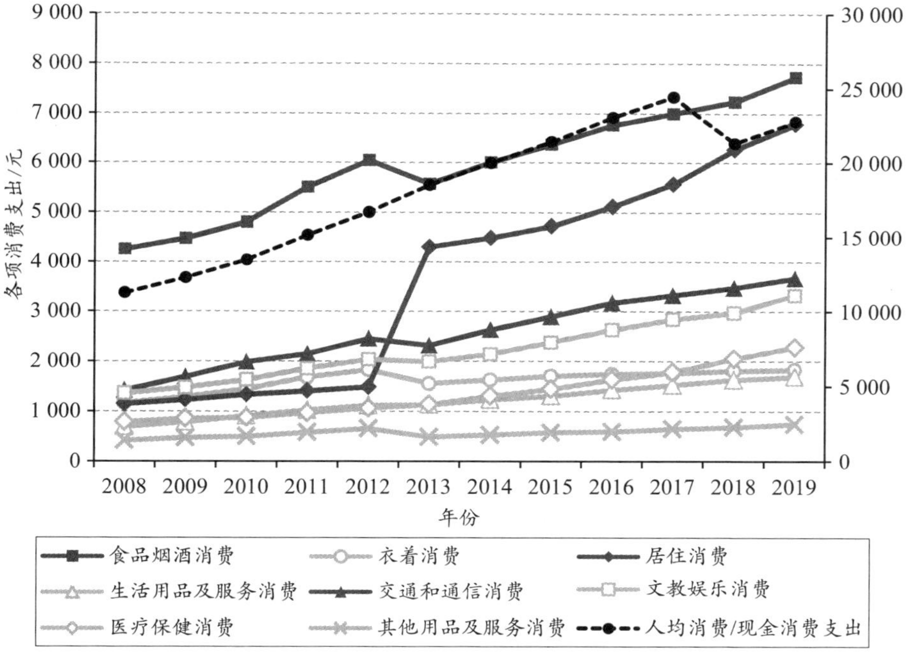

图 5.3　2008—2019 年我国城镇居民消费结构变化

如图 5.4 所示，农村居民的各项消费支出在 2008—2019 年呈明显上升趋势，但整体消费水平均低于城镇居民消费水平。2013—2019 年农村居民各项消费趋势变化幅度明显高于 2008—2012 年，但各项消费支出金额排名在两段时间内大致保持一致，食品支出是所有消费支出类型中最基本的，稳居第一；第二、第三分别是居住支出与交通通信支出，文教娱乐与医疗保健消费两者同步提高，衣着和生活用品及服务消费支出金额及变动趋势大体一致，其他用品及消费服务在这十年来始终处于最后一位。

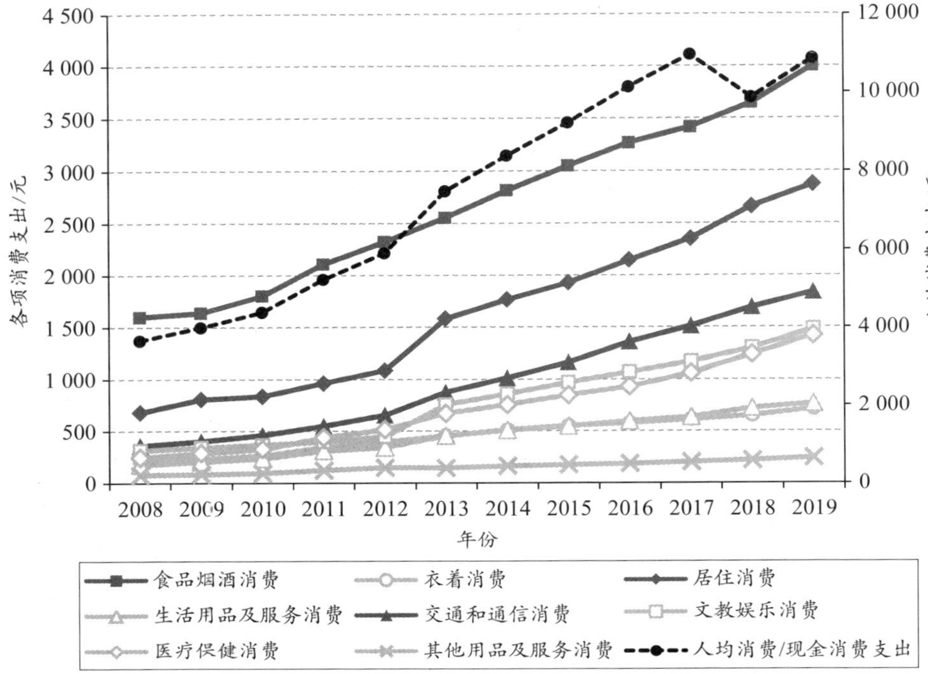

图 5.4　2008—2019 年我国农村居民消费结构变化

消费结构也可以用恩格尔系数（EC）表示。恩格尔系数是指在居民生活总支出中，食品消费所占总支出的比重，由德国统计学家恩格尔提出。其认为如果居民总收入（或总支出）越少，则居民用来购买食品的相对支出比例就越高，而随着居民总收入（或总支出）的增长，则居民用来购买食品的支出比例就随之下降，这就是恩格尔定律。恩格尔定律可简单反映居民家庭生活水平的高低以及国家的贫富程度。若居民生活水平越低或者国家越贫穷，则其恩格尔系数越大，随着居民生活水平的提高、国家愈发富裕，则其恩格尔系数会变小。联合国依据恩格尔系数的大小，对国家贫富程度以及居民生活水平情况作了简单的划分：EC ＞ 60%，居民生活水平处于贫困状态；50% ＜ EC ≤ 60%，为温饱水平；40% ＜ EC ≤ 50%，达到小康水平；30% ＜ EC ≤ 40%，处于相对富裕状态；20% ＜ EC ≤ 30%，属于富足水平；EC ≤ 20%，则认为该居民生活消费极度富裕。

如图 5.5 所示，从整体趋势来看，恩格尔系数作为一种长期趋势，需从整体来进行分析比较。近十年我国城乡居民家庭恩格尔系数整体呈下降趋势，农村居民家庭的恩格尔系数均高于城镇居民恩格尔系数，但农村居民家庭恩格尔系数的下降幅度高于城镇居民家庭。随着城乡居民的收入增长，居民对食品消费的支出比重快速下降，城乡居民生活水平提高。

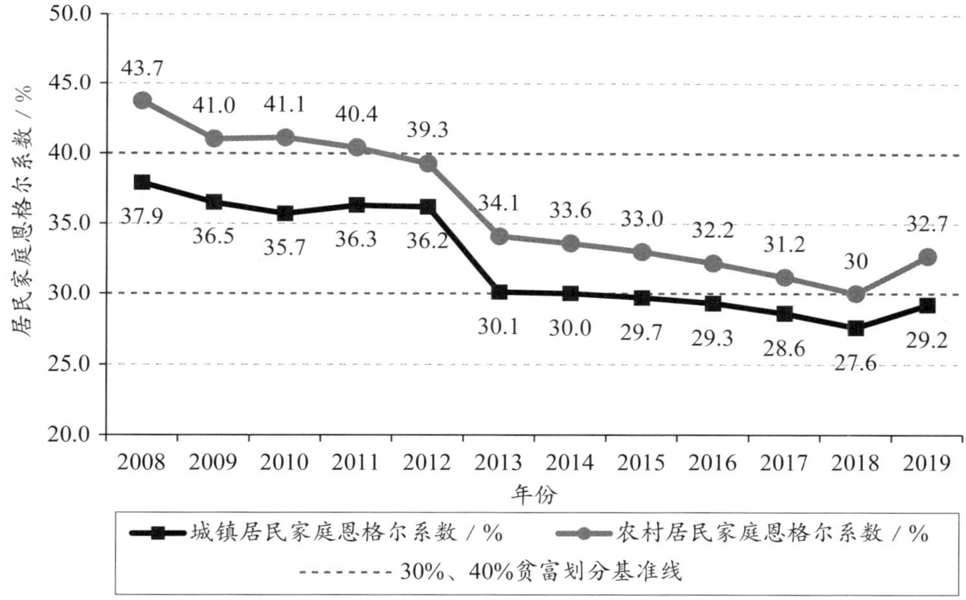

图 5.5　2008—2019 年我国城乡居民家庭恩格尔系数变化

从城乡居民家庭恩格尔系数的差距来看，除 2009—2010 年城乡恩格尔系数差距有所扩大外，其余年份差距均在减小，2008 年的差距最大为 5.8，到 2019 年差距已缩小为 3.5，这也侧面反映了我国城乡居民生活质量逐年提高、差距在逐年减小。2008—2012 年城乡居民家庭恩格尔系数的波动幅度大于 2013—2019 年，2013—2019 年的下降趋势及波动幅度相对较为稳定，趋于稳定地小幅变化。从恩格尔系数的划分标准来看，我国城乡居民生活水平在不断提高。城镇居民家庭生活水平由相对富裕状态变为富足水平，农村居民家庭生活水平由小康状态变为相对富裕状态。具体来说，我国城镇居民家庭恩格尔系数在2008—2014年均位于30%~40%，属于相对富裕；在2015年则达到30%以下，属于富足级别。我国城乡居民恩格尔系数的降低与居民收入的大幅度增加有密切关系。随着城乡居民的收入增长，居民对食品的支出下降，城乡居民生活水平提高，恩格尔系数呈下降趋势。

二、城乡居民消费类型结构变化

将消费按照消费类型进行分类，可以被大致分为三类，分别是生存型消费、发展型消费和享受类消费。生存型消费是以维持基本的生存需求为主要目的的消费，包括衣、食、住等低层次消费，是最基本的消费。发展型消费是在居民满足基本的生存需求的基础后，为进一步提高生活质量、寻求更好发展而进行的消费，包括交通通信、医疗保健和教育类消费。享受型消费是居民为了满足享受需要而产生的消费，是一种高层次的消费，包括休闲娱乐支出、家庭设备及用品支出、其他用品及消费支出等。发展型消费和享乐型消费基本上属于服务消费。一般来说，当居民收入水平较低时，处于低级消费阶段，此时居民用于衣、食、住等基本生存方面的消费较高，生存型消费在总支出中的占比较大。随着居民收入水平的提高，居民对生活需求已不仅仅满足于低层次消费，转而向更高消费层次延伸，以满足德智体等方面的需求，此时消费结构转变升级，处于发展型消费阶段。当居民为追求奢侈品或精神上的享受而消费时，如休闲娱乐，享受型消费的占比会增加，这意味着居民生活水平和质量的提高。

如图5.6所示，近十年，城镇居民三种类型的消费结构占比变化不大，生存型消费处于主体地位，发展和享受型消费占比保持稳定。在2008—2012年，城镇居民的发展型消费占比略高于享受型消费，而在2013—2019年，发展型消费与享受型消费占比已经基本持平，均占总消费的20%左右，生存型消费在 60% 上下波动。城镇居民三种类型的消费占比已经基本稳定，消费结构较为合理。

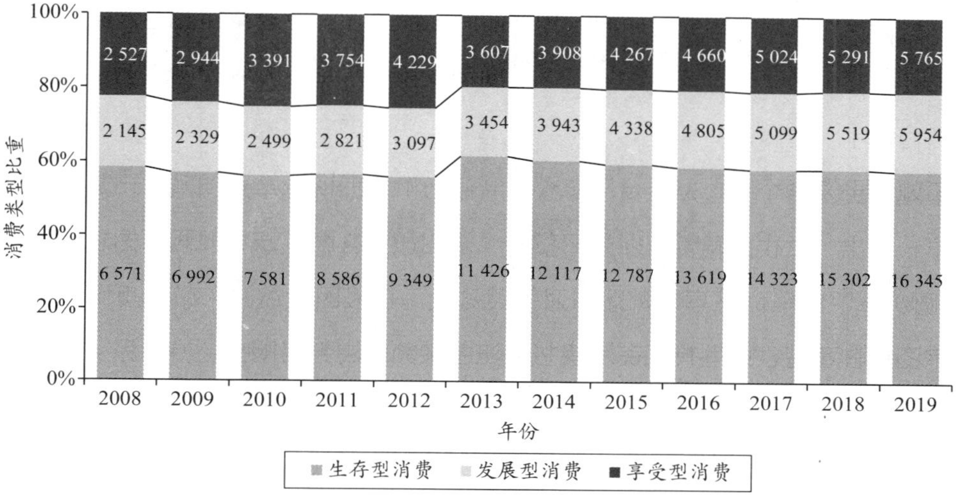

图 5.6　2008—2019 年我国城镇居民消费类型变化

如图 5.7 所示，农村居民三种消费类型比重变化情况比城镇更为明显。2008 年生存型消费占比 68%，到了 2012 年降至 64% 左右。2013—2019 年，农村居民生存型消费占比由 61% 到 57%，下降了 4 个百分点。农村居民的主要消费类型依然是生存型消费，但生存型消费占比已经日益减少。发展和享受型消费比重上升，并有进一步缩小差距的趋势。农村居民已不仅仅满足于衣、食、住这种基本消费，而转向医疗保健、教育培训、休闲娱乐等更高层面的消费。这说明农村居民消费结构持续优化升级，生活质量日益提升，生活水平不断提高。

整体来看，由于我国城乡居民收入的不断提高以及消费习惯和消费观念的改变，消费的主要目的从解决基本的温饱问题向进一步提高生活水平以及满足精神层次的需求方面转变。生存型消费比例逐渐减小，发展和享受型消费占比不断增加，消费结构日益改善，趋向合理，居民生活条件改善，生活质量明显提升。"十二五"时期把扩大消费需求作为扩大内需的战略重点，而在"十三五"规划纲要中，则强调适应消费加快升级。而这一转变正是居民消费需求升级的体现。这要求我国需尽快进行新一轮的消费升级，以满足居民更高层次的消费需求。

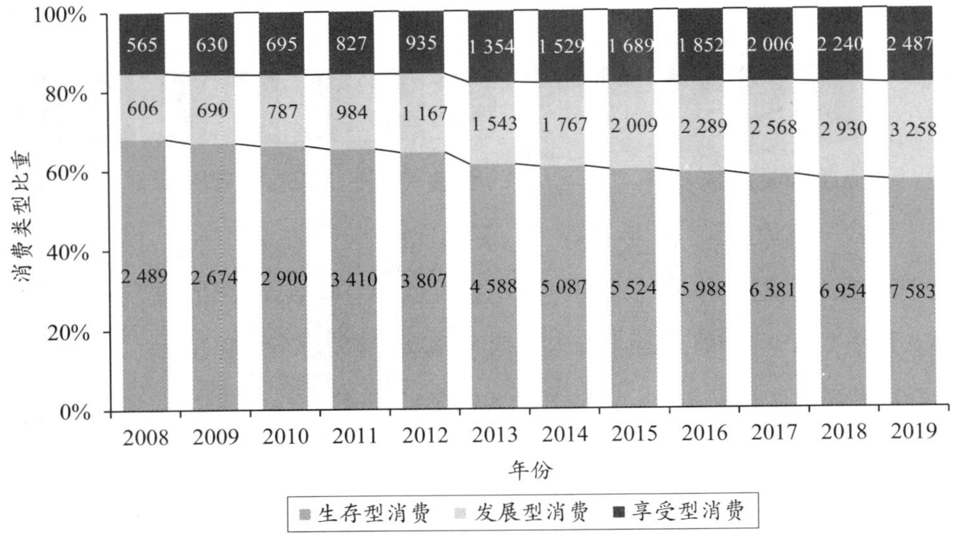

图 5.7 2008—2019 年我国农村居民消费类型变化

第五节 我国居民消费的服务化和平台化倾向

一、由实物型消费向服务型消费转变

将消费按照消费模式的不同进行分类，消费可以被分为两类：实物型消费和服务型消费。本章将城乡居民交通通信、医疗保健以及文教娱乐这三部分作为居民服务型消费的构成。一般来说，随着居民收入等级的提升，居民将不再满足于实物型消费，其文化娱乐、旅游休闲等服务型消费的需求逐渐上升，将寻求高等级的消费形式，这体现了居民消费观念的改善以及其消费结构的升级。

如图 5.8 所示，从城乡居民人均服务型消费金额来看，我国城乡居民服务型消费持续上升。城镇居民人均服务型消费额由 2008 年的 4 671.7 元上升到 2012 年的 7 325.8 元，增长了约 56.8%；又由 2013 年的 7 705.9 元上升至 2019 年的 13 517.7 元，增长了约 75.4%。而农村居民人均服务型消费额由 2008 年的

1 171.3元上升到2012年的2 101.4元，增长了约79.4%；又由2013年的2 567.2元上升至2019年的5 290.2元，增长了约106.1%。两段时间内，农村居民服务型消费增长速度高于城镇居民，农村居民服务型消费发展速度更快。从城乡居民服务型消费占总消费支出的比重来看，我国城乡居民服务型消费占比持续增加。城镇居民服务型消费占比在2008—2012年在41.6%~43.9%之间浮动；在此期间，农村居民服务型消费占比由32.0%上升到35.6%，其比重整体低于城镇居民服务型消费的比重。而在2013—2019年，城乡居民之间服务型消费占比已经开始接近，农村居民服务型消费增长速度高于城镇居民，城镇居民服务型消费较农村居民存在着较大发展空间。

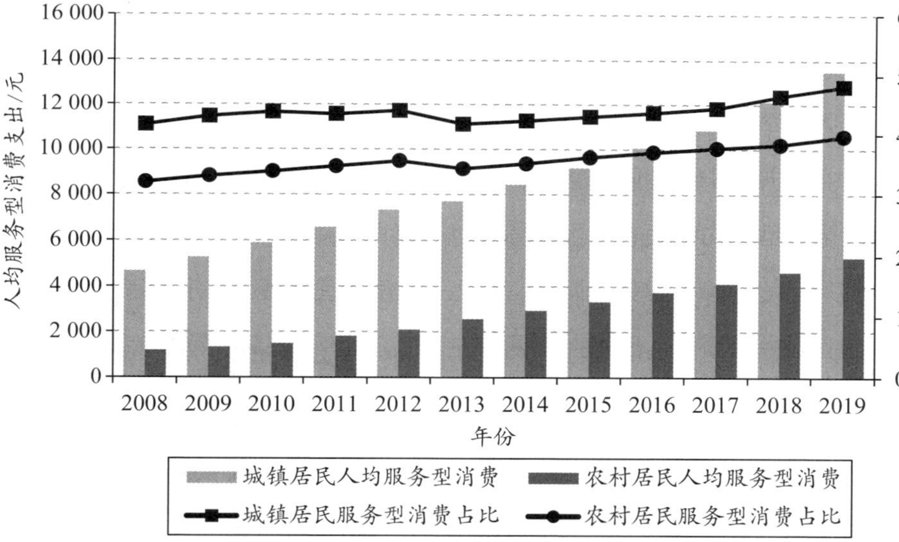

图5.8 2008—2019年我国城乡居民人均服务型消费变化

整体来看，近十年我国城乡居民人均服务型消费金额以及服务型消费占总消费支出的比重整体呈上升趋势。居民消费已从注重物质方面的满足而转向追求精神方面的提升，更加注重服务消费等方面的体验。实物型消费占比逐年变小，服务型消费的比重稳步上升，消费结构逐渐向服务型消费方面转型升级，服务型消费将成为居民未来消费的趋势与方向。

二、由线下消费向平台型消费转变

“互联网 +”背景下，随着居民消费能力的提升、网络技术的进步、用户消费偏好的升级，消费内容品质被提出更高要求，原本以渠道为核心的传播方式已无法满足用户多元化、个性化、社交化的需求。具备强大资源整合能力、数据分析处理能力、技术分发能力、服务增值能力的网络消费平台在内容消费升级的大环境中应运而生。互联网在消费者与商家之间搭建了一个便捷实用的互动平台，跳过了各种烦琐的消费流通环节，使市场双方通过平台进行更直接交易对话，居民消费形式发生改变，各行业发展迅速。

平台型消费增加具体可以从以下几个方面加以说明。

第一，互联网普及率和上网人数近年呈直接上升态势。如图 5.9 所示，2008—2019 年，网民规模及互联网普及率增长迅速。2008 年网民数为 29 800 万人，2019 年达到 90 400 万人，是 2008 年的 3.03 倍。2008 年互联网普及率为 22.6%，2019 年达到 64.5%，提升了 41.9 个百分点，未来将有更多的网民出现，互联网普及率将持续攀升。

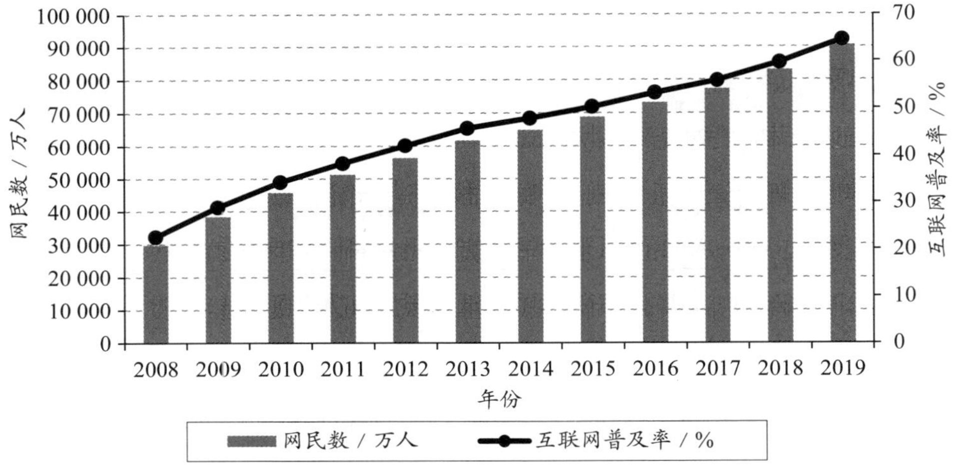

图 5.9 2008—2019 年我国网民规模和互联网普及率变化情况

数据来源：《中国互联网网络发展状况统计报告》。

第二，网络购物规模与网上支付规模呈直线上升态势。如图5.10所示，从网络购物用户规模和使用率来看，这十年间，网络购物用户规模由2008年的7 400万人升至2019年的71 000万人，是2008年的9.59倍。网络购物用户增长速度极快，网络购物发展迅速。网络购物用户占当年网民比例，即网络购物使用率，由24.8%提升至78.5%，网络购物使用率增长迅速，网络购物普及效果明显。

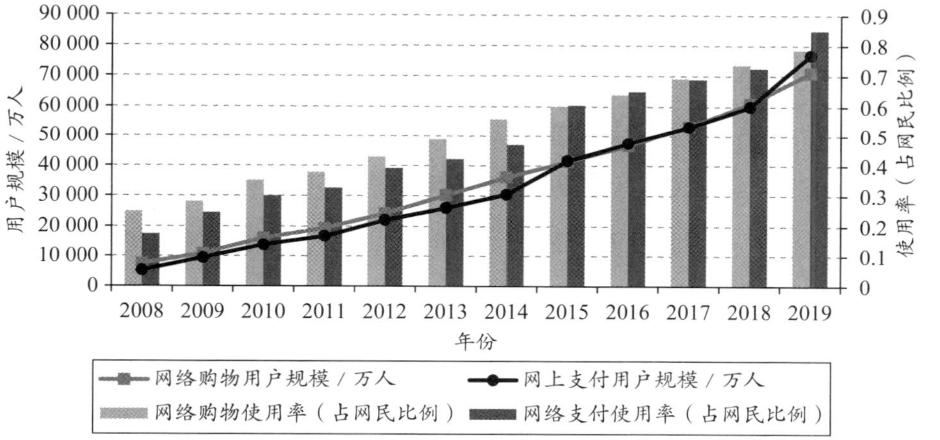

图5.10　2008—2017年我国网络购物规模与网上支付规模

从网上支付用户规模和使用率来看，这十年间，网上支付用户规模由2008年的5 200万人升至2019年的76 800万人，是2008年的14.77倍。网上支付用户占当年网民比例，即网上支付使用率，由17.6%提升至85%，网上支付使用率增长迅速。并且，在2008—2014年，网络购物的用户规模和使用率分别低于网上支付用户规模和使用率，但在2015—2019这五年间，网上支付发展迅速，其用户规模和使用率直逼网络购物，几乎与网络购物持平，其增长速度超过网络购物的增长速度。

第三，分享平台类型与市场交易规模呈直线上升态势。互联网消费打破了传统消费的局限性，使消费不再受到时间、空间等方面的限制，更多的人愿意通过网络购物以满足自身个性化、特色化、定制化的消费需求。同时，相关法律法规的不断完善、网络环境的持续改善也使产品质量以及网民的权益得到更多的保障，居民网络购物的人数迅速增加。网上支付手段所具有的便捷性也对网络购物用户规模的扩大起了一定的推动作用，互联网消费行业进一步发展，为电子商务的进步持续注入增长动力，居民消费平台发生改变。

从图 5.11 可以看出，2014—2019 年，我国分享经济市场规模持续扩大。2019 年我国分享经济市场规模约为 81 072 亿元，比 2014 年市场规模增长了约 69 622 亿元。从分享经济市场规模的增长率来看，2019 年增长了 18%，但近几年市场规模整体增速正在逐渐放缓。2017 年以来，分享经济最热门的行业为交通出行领域，共享单车成为 2017 年分享经济最热门的领域。当年，共享单车异军突起，滴滴出行、OFO 单车、哈啰单车等共享交通出行工具的出现，极大地扩大了分享经济市场规模。

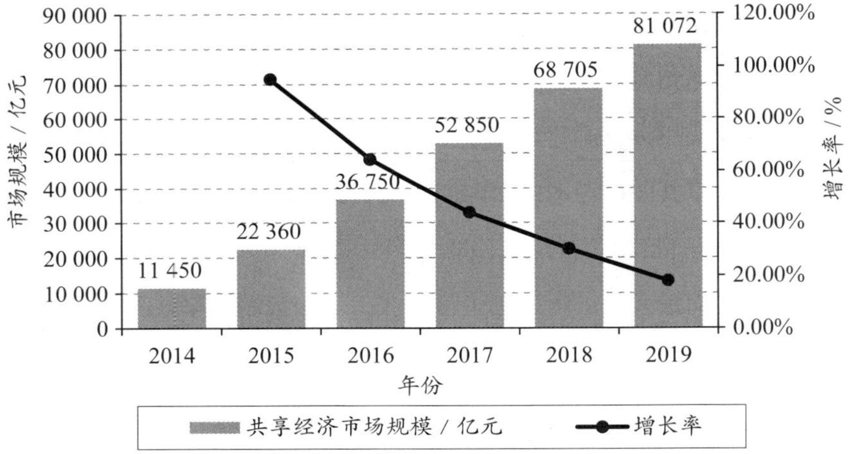

图 5.11　2014—2019 年我国分享平台市场规模变化情况

数据来源：网经社电子商务研究中心《2019 年度中国共享经济市场数据监测报告》。

从分享平台发展类型来看，如表 5.3 所列，2018 年我国分享经济发展较快。从各领域分享经济的市场交易规模来说，生活服务在 2017 及 2018 年的规模皆是最大，为 12 924 元和 15 894 元，2018 年生活服务领域的分享经济市场交易规模约占当年总市场交易规模的 54.02%。而共享医疗领域的市场交易规模在两年间均为最小。这说明居民越来越重视生活服务型消费，服务型消费成为居民消费的重要形式。从各领域分享经济的市场交易规模的增长率来看，生产能力的市场交易规模在2018年增长最快，为97.50%；其次是共享办公，其增长率为87.30%。而市场交易规模占比最大的生活服务领域的增长率却最低，其增长速度相对于其他领域来说较为缓慢。

表5.3　2017—2018年我国分享经济发展情况（单位：亿元）

领域	2017年	2018年	增长率
交通出行	2 010	2 478	23.30%
共享住宿	120	165	37.50%
知识技能	1 382	2 353	70.30%
生活服务	12 924	15 894	23.00%
共享医疗	56	88	57.10%
共享办公	110	206	87.30%
生产能力	4 170	8 236	97.50%
总计	20 772	29 420	41.60%

数据来源：国家信息中心《2019年度中国共享经济发展报告》。

分享经济在各领域的应用深度和广度在不断扩展，分享经济消费已经成为一种新型消费模式，并受到消费者的广泛关注。而以互联网为基础的分享经济平台，则成为新时代居民消费的一种重要平台。

第六节　居民消费结构演变的政策性启示

一、加强技能培训，努力提高居民收入水平

收入是消费的决定性因素，要想提高城乡居民消费水平，增强消费能力，需从提高居民收入入手。政府可通过加强居民技能培训来促进居民就业质量，提高居民收入水平。政府应加强居民技能培训宣传，增强居民进行培训的动力，

开展一系列有关就业培训的活动与指导服务，建立健全技能培训制度。依据居民就业需求，合理安排培训时间，开展多方面、多样化的技能培训，从而引导居民就业，拓宽居民增收渠道，刺激居民消费。政府应着重加强对农村居民的技能培训，挖掘农村居民的就业潜力，缩小城乡收入差距，进一步向共同富裕的目标迈进。提倡“大众创业，万众创新”，鼓励居民进行创业，增加就业渠道，缓解日益紧张的就业压力，释放居民创新的潜力，提高居民收入水平。

二、缩小城乡差距，挖掘农村居民消费潜力

城乡差距是在全面建成小康社会的道路上不可忽视的问题，目前，农村经济发展迅速，农民消费快速增长，农民消费具有较大的提升空间，要想解决城乡消费差距大的问题，就要努力挖掘农村居民的消费潜力、发展农村经济，从而缩小城乡差距。党的十九大提出了实施振兴乡村战略，在“十四五”规划纲要中，同样强调重视农村发展，增强农村居民的消费能力。

政府可以出台相关政策促进乡村产业的发展，加快第一、第三产业融合，农村延伸产业链，丰富并优化农村产业结构，拓宽农民就业渠道，带动农村经济发展。对农村居民加强教育，提高科技素养，增强农产品竞争力，并安排相关的技术人员对其进行技术指导服务。同时，实施产业振兴，改善农村脱贫居民生活条件，提高其生活质量，提高脱贫居民持续发展能力，引导脱贫居民进行“互联网 +”创业就业。在保护农村生态环境的基础上，充分利用农村得天独厚的环境资源，将其与当地人文资源相结合，打造新型旅游业，因地制宜地发展绿色经济，将绿水青山转变为金山银山，实现农民增收，刺激农民消费。

三、加大财政支出，推动居民消费结构升级

财政支出的增加可以提升居民消费水平，引导居民优化消费结构。政府增加财政支出创造了有利于消费投资的环境与条件，营造了良好的消费氛围，从而带动了居民消费的积极性。因此，政府一方面应加大财政支出，充分发挥财

政支出的“撬动效应”，使财政支出正向促进居民收入的增加，提高居民消费能力，同时注重西部地区的发展，加大中央财政转移支出，实现东中西部地区居民收入及消费均衡增长。另一方面，逐渐优化居民消费结构，促进消费升级。健全社会保障体系，减轻居民在医疗养老保险方面的负担，使居民生存型生活得到基本保障，消除居民消费的后顾之忧。降低居民家庭恩格尔系数，优化家庭消费支出结构，减少居民生存型消费的占比，继而转向发展与享受型消费，提高居民消费层次，同时也要引导居民树立正确的消费观念，警惕“享乐主义”等不良消费观的产生。

四、提高互联网普及率，培育居民消费新动能

正确认识互联网时代消费升级的特征和趋势，在此基础上探究互联网对消费升级的影响效应和作用机制，建设普惠互联网，提高网络覆盖率，加快网络知识普及，不断缩小数字鸿沟，最大化数字红利，推动互联网更加平衡和更为充分地发展。采取正确的消费政策，激发消费欲望，释放消费潜力，从而推动消费型经济发展方式的形成。

政府对于消费金融的鼓励、支持与引导对于消费金融的推广至关重要。因此，不仅需要政府在政策层面加强互联网消费金融的规范和监管，而且还应从多个层面鼓励消费金融领域的创新。这些举措将有利于推动扩大消费金融的影响力，进而形成良性发展的格局。因为消费金融的发展有利于刺激消费，拉动经济增长，经济环境的改善又能够增强人们对于未来的预期从而促进消费金融服务习惯的形成（尹一军，2016）。同时，不断优化和改善网络消费环境，加强网络监管，瞄准人民日益增长的美好生活需要，不断释放消费潜力，培育消费新动能。

互联网技术创新是消费服务化和平台化趋势的重要推动力量。互联网技术如何提升服务消费效率、促进服务业创新发展和新型服务消费提质升级，下一章将进行具体的理论分析和实证检验。

本章小结

随着我国经济社会的快速发展和综合国力的显著增强，居民收入持续快速增长，消费水平提高，消费质量明显改善。居民消费从衣、食、住、行为主，向教育医疗和各种休闲娱乐方面转变。消费结构持续优化，趋于合理。居民消费习惯和消费观念发生改变，居民消费由生存型消费向发展及享受型消费转变，由实物型消费向服务型消费转变，由线下消费向平台型消费转变。同时，从空间方面来看，我国东中西部地区收入与消费差异较大，但西部地区消费增速较快，东中西部地区消费差距已在逐年减小，国家区域协调发展的战略初见成效。城乡消费差距明显，但农村经济发展迅速，城乡消费差距不断缩小。

第六章　交易效率视角下互联网技术促进服务业发展的作用机制

第一节　引　言

党的十九大报告提出，我国经济已由高速增长阶段转向高质量发展阶段，正处在转变发展方式、优化经济结构、转换增长动力的攻关期，建设现代化经济体系是跨越关口的迫切要求和我国发展的战略目标。加快服务业发展，深化服务业改革，扩大服务业开放，扭转服务业低附加值和弱竞争力格局，是实现高质量发展和建设现代化经济体系的重要任务。当前，云计算、大数据、移动互联网等新一代互联网技术对服务业的影响程度日益加深。为深入探讨互联网时代服务业发展的微观机制，本章试图基于新兴古典经济学视角，从交易效率角度探究互联网技术对服务业发展的影响机理。

关于互联网技术对服务业发展的影响，现有研究主要从互联网催生了分享经济、平台经济等新兴服务业态的出现、改变了传统产业价值链、实现了消费需求的长尾效应等方面进行论述（曾世宏 等，2016）。互联网发展具有很强的外部性，可以给其他产业带来好处（Androutsos，2011）。正如前几章所论述的，基于互联网技术创新的分享经济模式可以实现传统服务供需的即时精准匹配，提升个性化定制的服务供给水平（Pisano et al.，2015），分享经济平台能够扩展服务消费的范围和渠道，实现服务供给机制创新（Christina et al.，2015）。

信息技术使提供标准化非贸易服务成为可能，有利于服务业发展（Hsieh et al.，2019）。网络技术的发展改变了传统服务业的性质，引起了广泛的资源重组与聚合（江小涓，2017）。

分工和专业化决定了服务业的产生，服务业的发展是社会分工不断深化的结果（Buera et al.，2012）。根据斯密、马歇尔等古典经济学家的观点，技术发明和技术创新都是专业化与分工组织发展的结果。分工组织对于经济发展和技术创新的作用，在 Young（1928）的规模报酬递增机制、熊彼特（1991）的创新发展是“执行新的组合”等思想中均有描述。新古典经济学将生产者与消费者绝对分离，并且假定分工与专业化问题已经被解决，因而不能将自给自足与分工模式内生到一个系统，也就不能分析专业化、分工水平变化引起的经济组织结构演变（Yang et al.，1991，2015），更不能很好地解释互联网技术通过促进分工水平提高进而促进服务业发展这一现象。而新兴古典经济学弥补了这一缺陷，Rosen（1983）、杨小凯（2003）等在亚当·斯密的分工思想上进行了拓展，并将专业化与分工组织思想模型化，构建了一个以研究专业化与分工组织为核心的新兴古典经济学框架。以杨小凯等为代表的新兴古典经济学家在斯密和杨格的理论基础上，用超边际分析方法阐述了专业化经济和交易费用之间的两难冲突问题，认为分工一般的取决于市场规模，交易效率在其中起决定性作用。随着交易效率改进，迂回经济程度增加，消费品的相对价格下降，人们的实际收入增加，实际购买力提高，促进了服务消费进一步增加（彭玉婷，2010）。

互联网技术可以突破交易的时间和空间限制，产生“长尾现象”，提高交易效率，降低交易成本，拓大市场范围，深化社会分工水平（向国成 等，2016）。互联网技术水平的不断提升，强化了对信息的处理和分享能力，推动了人类技术进步（郭家堂 等，2016）。技术进步则会降低消费者与厂商之间的交易时间损耗，提高交易效率和交易收益（郑勇军 等，2009）。互联网技术的广泛应用降低了搜寻成本（Brynjolfsson et al.，2011），特别是移动搜索和位置服务等互联网技术的使用可以降低消费者的搜寻成本，服务供给方也可以通过互联网展示服务信息并自动匹配消费需求，使得供给方的服务成本显著下降，这将进一步扩大整个市场对服务的需求，促进服务业的发展。以互联网为代表的新一代信息技术对促进数字服务消费起到了关键的作用。越来越多的学者已认识到互联网技术对服务业发展的影响，但这些文献很少注意到互联网技术通过提高交易效率对服务业发展的影响。

与现有文献相比，本章的主要贡献在于：一方面，基于新兴古典经济学视角构建一个互联网技术对服务业发展影响的微观机理模型，运用超边际方法分析互联网技术、交易效率影响服务业发展的演进机理；另一方面，将互联网技术作为主要解释变量、交易效率作为调节变量解释互联网技术对服务业发展的影响，并利用2008—2017年中国30个省（自治区、直辖市）的面板数据进行实证检验。

本章余下结构安排为：①构建互联网技术影响服务业发展的微观机理模型并提出主要命题；②通过计量方法对主要命题进行实证检验；③实证结果的进一步讨论；④本章小结。

第二节　微观机理模型

按照新兴古典经济学分工发展思想，借鉴杨小凯等（2003）的新兴古典模型框架，构建一个互联网技术对服务业发展影响的微观机理模型，模型创新在于构造以传统技术为主导的农业、制造业和以互联网技术为主导的制造业、服务业两种经济体，通过比较两种经济体来得出互联网技术通过提高交易效率对服务业发展产生影响。

假定有两种经济体，均有 M 个事前相同的消费者 - 生产者（包括中间商），决策者集是一个连续统，存在专业化经济。有一种最终产品 z，经济体 A 采用

传统技术 x 加低技能型劳动 l_1 进行生产提供，经济体 B 采用互联网技术 y 加高技能型劳动 l_2 进行生产提供，互联网技术需要较高的学习成本。k 为最终产品的交易效率，可被看作交易服务，t、s 分别为传统技术、互联网技术的交易效率，互联网技术的交易效率高于传统技术，即 $t < s$。z、x、y 分别表示最终产品和传统技术、互联网技术的生产量，z^s、x^s、y^s 表示最终产品和传统技术、互联网技术的供给量，z^d、x^d、y^d 表示最终产品和两种中间技术的需求量，经济体 A 和经济体 B 的基本模型分别构建如下。

一、经济体 A：以传统技术为主导的农业和制造业生产结构

$$u = z + kz^d \tag{6.1}$$

$$z^p = z + z^s = (x + tx^d)^\beta l_z^\alpha \tag{6.2}$$

$$x^p = x + x^s = l_x^\alpha \tag{6.3}$$

$$l_x + l_z = 1 \tag{6.4}$$

$$p_x x^s + p_z z^s = p_x x^d + p_z z^d \tag{6.5}$$

其中，式（6.1）和式（6.2）为最终产品的效用函数和生产函数，式（6.3）为传统技术的生产函数，式（6.4）为时间约束，式（6.5）为预算约束。假定最终产品的劳动产出弹性和中间技术的产出弹性分别为 α、β，为简便，令 $\alpha = \beta = 1/2$，设最终产品 z 的价格为计价标准，即 $p_z = 1$，设生产最终产品和提供传统技术的就业人数分别为 M_1、M_2，$M_1 + M_2 = M$。

每种经济体可以选择自给自足或者专业化决策模式，为聚焦本章研究的主题——服务业发展，本章只考虑完全分工结构，即一类就业专业提供传统技术 x，然后出售传统技术以换取最终产品 z。

最终产品专业生产的决策问题为：

$$\max\ u = z \tag{6.6}$$

$$\text{s.t. } z^p = (tx^d)^\beta \tag{6.7}$$

$$p_z z^s = p_x x^d \tag{6.8}$$

通过求解最优化问题的一阶条件可得:

$$x^d = \frac{t}{4p_x^{\ 2}} \tag{6.9}$$

$$u_z = \frac{t}{4p_x} \tag{6.10}$$

传统技术专业生产的决策问题为:

$$\max u = kz^d \tag{6.11}$$

$$z^p = 0 \tag{6.12}$$

$$x^p = x + x^s = l_x^\alpha = 1 \tag{6.13}$$

$$p_x x^s = p_z z^d \tag{6.14}$$

通过求解最优化问题的一阶条件可得:

$$z^d = p_x \tag{6.15}$$

$$u_x = kp_x \tag{6.16}$$

利用效用均等化原则 $u_z = u_x$、市场出清条件 $M_1x^d = M_2x^s$、人口规模等式 $M = M_1 + M_2$,经济体 A 角点均衡①时可得:

$$p_x = \left(\frac{t}{4k}\right)^{\frac{1}{2}} \tag{6.17}$$

$$x^d = k \tag{6.18}$$

$$z^d = \left(\frac{t}{4k}\right)^{\frac{1}{2}} \tag{6.19}$$

$$M_1 = \frac{1}{1+k}M \tag{6.20}$$

$$M_2 = \frac{k}{1+k}M \tag{6.21}$$

$$u = u_z = u_x = \left(\frac{tk}{4}\right)^{\frac{1}{2}} \tag{6.22}$$

① 按照新兴古典经济学与超边际分析方法与理论,当满足在给定价格和选择各种模式的人数时,每个人选择专业化水平和模式使效用达到最大化以及相对价格和选择各模式的人数使供求相等两个条件时,达到角点均衡。

将 M_1、M_2 分别对交易效率 k 求导，得 $\frac{\partial M_1}{\partial k}=\frac{-1}{(1+k)^2}<0$，$\frac{\partial M_2}{\partial k}=\frac{1}{(1+k)^2}>0$。

由上式可知，随着传统技术和最终产品的交易效率不断提高，传统技术的需求、角点均衡效用水平即人均真实收入增加，专业生产最终产品的就业人数减少，提供传统技术的就业人数增加。

二、经济体 B：以互联网技术为主导的制造业和服务业生产结构[①]

$$u=z+kz^d \tag{6.23}$$

$$z^p=z+z^s=\left(y+sy^d\right)^{\beta}l_z^{\alpha} \tag{6.24}$$

$$y^p=y+y^s=l_y^{\alpha}-c \tag{6.25}$$

$$l_y+l_z=1 \tag{6.26}$$

$$p_y y^s+p_z z^s=p_y y^d+p_z z^d \tag{6.27}$$

其中，式（6.23）和式（6.24）为最终产品的效用函数和生产函数，式（6.25）为互联网技术的生产函数，式（6.26）为时间约束，式（6.27）为预算约束。与经济体 A 假定不同的是：互联网技术的提供需要较高的学习成本 c，但互联网技术突破了地域和时间限制，大大节省了买卖双方之间的交易成本，减少了信息不对称，交易效率远高于传统技术，互联网普及有利于产业结构服务化（曾世宏 等，2019b）。设专业生产最终产品和使用互联网技术的就业人数分别为 M_3、M_4，$M_3+M_4=M$。

求解方法与经济体 A 类似，最终产品决策者的决策问题求解得：

$$y_d=\frac{s}{4{p_y}^2} \tag{6.28}$$

$$u_z=\frac{s}{4p_y} \tag{6.29}$$

① 关于互联网普及如何推动产业结构服务化的数理模型推导和实证检验请进一步参考：曾世宏，杨鹏，徐应超．互联网普及与产业结构服务化：兼论乡村振兴战略中的农村服务业发展 [J]. 产经评论，2019，10（1）：36-55.

互联网技术生产者的决策问题求解得：

$$z^d = p_y(1-c) \tag{6.30}$$

$$u_y = kp_y(1-c) \tag{6.31}$$

利用效用均等化原则 $u_z = u_y$、市场出清条件 $M_3 y^d = M_4 y^s$、人口规模等式 $M = M_3 + M_4$，经济体 B 角点均衡时可得：

$$p_y = \left[\frac{s}{4k(1-c)}\right]^{\frac{1}{2}} \tag{6.32}$$

$$y^d = k(1-c) \tag{6.33}$$

$$z^d = \left[\frac{s(1-c)}{4k}\right]^{\frac{1}{2}} \tag{6.34}$$

$$M_3 = \frac{1}{1+k(1\text{-}c)} M \tag{6.35}$$

$$M_4 = \frac{k(1-c)}{1+k(1\text{-}c)} M \tag{6.36}$$

$$u = u_z = u_y = \left[\frac{sk(1-c)}{4}\right]^{\frac{1}{2}} \tag{6.37}$$

将 M_3、M_4 分别对交易效率 k、学习成本 c 求导，得 $\frac{\partial M_3}{\partial k} = \frac{-(1-c)}{(1+k)^2} < 0$，$\frac{\partial M_4}{\partial k} = \frac{1-c}{(1+k)^2} > 0$，$\frac{\partial M_3}{\partial c} = \frac{k}{[1+k(1-c)]^2} > 0$，$\frac{\partial M_4}{\partial c} = \frac{-k}{[1+k(1-c)]^2} < 0$。

分析可得：随着最终产品和互联网技术的交易效率提高和学习成本下降，互联网技术的需求以及角点均衡效用水平即人均真实收入会增加，专业生产最终产品的就业减少，提供互联网技术的就业增加，交易服务需求大大增加。但当互联网技术的学习成本非常大，如 $c = 1$ 时，$M_4 = 0$，互联网技术的提供不会出现，此时角点均衡效用水平即人均真实收入也为 0，说明专业生产最终产品必须要使用互联网技术中间品。

命题 1：当交易效率提高时，劳动就业从生产部门转到使用互联网技术的服务部门，经济增长表现为以互联网技术进步带动的服务业发展为导向的增长。

三、经济体 A 和经济体 B 完全分工结构的比较分析

由 $U_{\mathrm{A}}=\left(\frac{tk}{4}\right)^{\frac{1}{2}}$，$U_{\mathrm{B}}=\left[\frac{sk(1-c)}{4}\right]^{\frac{1}{2}}$，得：当 $t<s(1-c)$ 时，$U_{\mathrm{A}}<U_{\mathrm{B}}$，即当传统技术的交易效率越低或互联网技术的交易效率越高或者学习成本越小时，以传统技术为主导的农业和制造业产业结构会向以互联网技术主导的制造业和服务业产业结构转型，即由经济体 A 转型升级至经济体 B。由经济体 B 的结构分析可知，最终产品的专业生产离不开互联网技术的中间使用，所以，要实现帕累托改进，必须降低互联网技术服务的学习成本，加大互联网技术在制造业和服务业中的应用，不断提高交易效率，“中国制造 2025”明确提出“推动生产型制造向服务型制造转变”的要求，制造服务化已成为重要的世界产业发展趋势，服务业占比的提高增强了经济运行的稳定性，为高质量发展提供了有利的基础条件。

命题 2：交易效率是影响分工均衡水平的关键因素。互联网技术通过提高交易效率，推动了以服务业发展为导向的高质量发展。

第三节　互联网技术、交易效率与服务业发展的实证检验

一、模型设定与变量选择

（一）基本模型设定

由上文分析可得：互联网技术对服务业发展有直接促进作用，也可通过提高交易效率促进服务业发展。下面将采用面板数据模型进行实证检验。主要分为三个步骤：首先，检验互联网技术对服务业发展影响的基准模型；其次，检验互联网技术对交易效率的影响；最后，检验互联网技术通过交易效率的调节效应对服务业发展的影响。根据该检验思路，设定面板数据的基本模型如下：

$$Y_{it}=\alpha_0+\alpha_1 I_{it}+\alpha_2 \ln pG_{it}+\alpha_3 \ln M_{it}+\alpha_4 N_{it}+\alpha_5 T_{it}+\varepsilon_{it} \tag{6.38}$$

$$E_{it} = \vartheta_0 + \vartheta_1 I_{it} + \sigma_{it} \tag{6.39}$$

$$Y_{it} = \beta_0 + \beta_1 I_{it} + \beta_2 I_{it} \times E_{it} + \beta_3 \ln pG_{it} + \beta_4 \ln M_{it} + \beta_5 N_{it} + \beta_6 T_{it} + \delta_{it} \tag{6.40}$$

式中，Y_{it} 为被解释变量，代表服务业发展水平；I_{it} 为核心解释变量，代表地区互联网技术发展水平；E_{it} 为调节变量，代表交易效率；ϑ_1 为经济计量模型中回归系数；ϑ_0 为截距项；$I_{it} \times E_{it}$ 表示互联网技术和交易效率的交互项，说明互联网可以通过交易效率的调节效应影响服务业发展。其他变量为一系列可能影响被解释变量的控制变量，其中包括服务业投资率 N_{it}、经济发展水平 G_{it}、技术进步水平 T_{it}、劳动力要素 M_{it} 等。i 和 t 分别表示地区和时间，ε_{it}、σ_{it} 和 δ_{it} 均表示随机误差项。各变量具体说明如下：

（二）主要变量选取

(1) 被解释变量：服务业发展水平

荆林波等（2008）指出服务业的增加值、就业能力及劳动生产率是衡量其发展水平重要指标。在 GDP 中，服务业增加值占比反映了一国经济的发展水平，一国的服务业增加值占比越高，该国的经济发展水平越高（范超 等，2018）。因此，本章采取服务业增加值占 GDP 的比重来衡量服务业的发展水平。

(2) 核心解释变量：互联网普及率（Inter）

互联网技术与制造业、服务业的融合发展，能够提升服务业的交易效率和竞争力水平，已成为推动我国服务业发展的重要力量。本章选取互联网普及率作为衡量互联网发展水平的指标。

(3) 调节变量：交易效率（Effi）

借鉴已有研究取得的成果（高帆，2007；颜冬，2017），从基础设施、通信、市场化程度、政府公共服务、对外开放程度和城市化六个维度来综合反映交易效率，基础设施指标由各地区公路里程数（公里）表示，通信指标由电话普及率（%）表示，市场化程度由城镇个体或私营就业人数占就业总人数的比例（%）表示，政府公共服务指标由物价指数处理后的政府公共财政支出（亿元）表示，对外开放程度指标由进出口额占 GDP 的比重（%）表示，城市化指标由城市化率即城镇人口与总人口的比例（%）表示，以上数据均来源于历年中国统计年鉴和各省统计年鉴，基于 SPSS 25 统计软件，采用主成分分析法测算交易效率。

(4) 控制变量

① 经济发展水平（lnpgdp）。经济越发达的地区，服务业一般也越发达。地方经济发展水平的提高，一定程度上能促进个人收入水平的提高，根据凯恩斯消费理论，随着收入增加，消费也将增加，而个人消费需求的增加，是影响服务业发展的重要推动力（曾世宏 等，2019c）。

② 服务业投资率（lninv）。服务业投资的增加刺激了对投资品和消费品的需求，增加了服务总需求，推动了服务行业生产规模的扩大；增加服务业投资也会扩大社会生产力，提供更多服务业产品。服务业投资的增加不仅能够刺激服务消费需求，而且能够扩大服务消费供给，从而促进服务业产值增长（刘宇，2007）。

③ 劳动力要素（lnemp）。服务业就业人数的增加为服务业的发展提供了基础保障，而服务业的快速发展也能吸纳更多的劳动力。

④ 技术进步（tech）。技术进步能够提高生产设备的生产效率、改进产品的工艺水平，增加服务的种类和数量，拓宽服务供给和消费渠道，将服务要素带到生产过程中，引发服务业和制造业的融合，进一步促进服务业发展。

二、数据来源与描述性统计

为确保数据的连贯性和样本的典型性，本章选取了我国 30 个省（自治区、直辖市，西藏自治区、港澳台地区除外）2008—2017 年的面板数据，研究互联网技术通过提高交易效率对我国服务业发展的影响。被解释变量、核心解释变量、调节变量和控制变量等相关指标的计算方法和数据来源如表 6.1 所列。

表6.1　变量的计算方法和数据来源

变量类型	变量名称	单位	计算方法及数据来源
被解释变量	服务业发展水平	%	用第三产业增加值占GDP比重表示；数据来源于《中国第三产业统计年鉴》和《中国统计年鉴》
核心解释变量	互联网发展水平	%	用互联网普及率表示，即互联网上网人数与常住人口数之比；原始数据来源于中国经济信息网和《中国统计年鉴》
	互联网发展水平2	万个	用互联网宽带接入端口数取对数表示；原始数据来源于《中国统计年鉴》
调节变量	交易效率		采用主成分分析法，用基础设施、通信、市场化程度、政府公共服务、对外开放程度和城市化六个维度来综合反映交易效率；原始数据来源于历年《中国统计年鉴》和各省统计年鉴
其他控制变量	服务业投资率	%	用第三产业投资额与固定资产投资总额之比表示，并取对数；数据来源于《中国第三产业统计年鉴》
	技术进步	%	用各地区研究与试验发展经费内部支出与GDP之比表示；原始数据来源于《中国科技统计年鉴》和《中国统计年鉴》
	经济发展水平	元/人	用物价指数处理后的人均GDP取对数的值表示；原始数据来源于中经网和《中国统计年鉴》
	劳动力要素	%	用各地区第三产业就业人数与就业总人口的比值并取对数表示；原始数据来源于各省历年统计年鉴

为进一步深入观察各变量数据特征，在进行实证分析之前，文章先对面板数据模型的各变量进行描述性统计。为尽可能消除异方差和确保数据的平稳性，对部分变量做了自然对数处理，描述性统计主要采用的统计软件是Stata 15.0，各变量的描述性统计结果如表6.2所列。

表6.2　变量的描述性统计

变量	均值	标准差	最小值	最大值	东部均值	中部均值	西部均值
服务业发展水平	43.161 2	9.373 642	28.6	80.56	47.697 42	39.233 33	41.040 78
互联网发展水平1	40.053 83	16.576 65	6.23	78	49.118 83	33.899 11	34.121 89
互联网发展水平2	6.674 305	1.065 54	3.242 592	8.784 428	7.076 575	6.754 584	6.057 667
交易效率	0.124 366 7	1.125 333	−2.98	2.73	0.876 833 3	−0.209 222 2	−0.545 333 3

表 6.2(续)

变量	均值	标准差	最小值	最大值	东部均值	中部均值	西部均值
经济发展水平	4.211 891	0.477 393 4	2.936 726	5.31	4.545 589	4.090 447	3.888 406
服务业投资率	4.015 24	0.205 560 5	3.619 033	4.810 588	4.105 848	3.878 923	4.030 745
劳动力要素	3.529 575	0.709 983 6	−2.459 56	4.389 499	3.714 949	3.592 723	3.219 263
技术进步	1.504 377	1.066 296	0.222 740 3	6.013 677	2.104 994	1.1588 56	1.049 075
互联网发展水平 1× 交易效率	20.862 96	52.853 42	−40.240 5	204.75	57.297 34	1.352 936	−8.206 199
互联网发展水平 2× 交易效率	1.635 844	7.583 394	−14.407 39	23.960 76	6.805 248	−1.038 502	−2.582 348

数据来源：基于 Stata 15.0 计算得到。

由表 6.2 可知：对于服务业发展水平的指标来说，2008—2017 年中国服务业发展水平的最小值为 28.6，最大值为 80.56，全国均值为 43.161 2，十年间服务业发展非常显著。同时，中国服务业发展存在明显的地区异质性，表现在东部地区的服务业发展水平均值为 47.70，西部地区为 41.04，而中部地区仅为 39.23，东部地区明显高于全国平均值，中部和西部地区明显低于全国平均值。而且，中部地区的服务业发展略慢于西部地区，这可能是出于两方面的原因：一方面是东部地区经济比较发达，产业结构已经十分完善，主要以服务业发展为主导，由于自身发展较好的条件因素和国家政策因素，主要工业正逐步向中、西部地区转移，而中部地区作为产业转移的重要接洽地，承接了大量从东部地区转移出来的工业企业，这导致中部地区仍然是以工业为主导的产业结构，服务业发展比较缓慢。另一方面，由于西部地区相对欠发达，但旅游等服务资源相对比较丰富，带动了西部地区的服务业发展。对于互联网技术指标来说，2008—2017 年，我国互联网发展水平逐步提高且发展迅速，互联网普及率呈上升趋势，发展相对较好的集中在东部地区，其发展水平为 49.12，远远高于全国平均水平 40.05，中部地区和西部地区互联网发展水平相当，但远低于全国平均水平，这说明中国互联网发展水平地区差异性较大。对于交易效率指标来说，十年间，我国各地区交易效率均呈上涨趋势，但十分缓慢，且地区间差异非常大。

为更加清晰直观地了解我国互联网技术与服务业发展之间的关系，可将二者放到同一坐标系中，通过将此二者变量的观察值分别描绘在同一直角坐标系中，观察两个变量的散点分布情况及散点拟合效果，初步形成对互联网技术与服务业发展之间关系的感性认识，具体如图 6.1 所示。

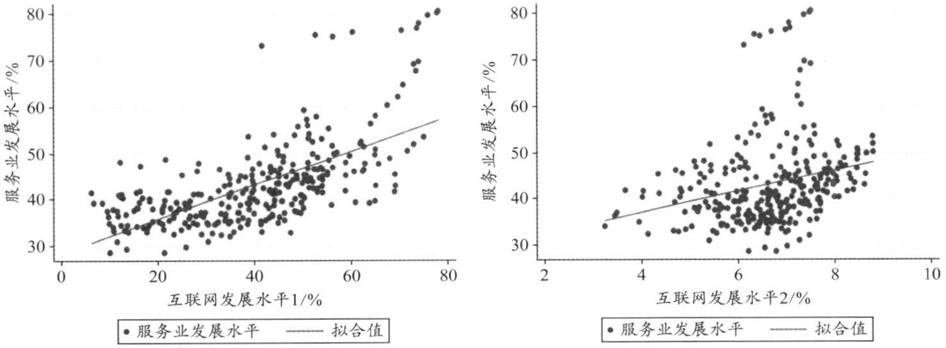

图 6.1　服务业发展水平和互联网发展水平之间散点分布图

图 6.1 为服务业发展水平和互联网技术指标之间的散点图分布，由图可知，对两种互联网技术发展水平指标来说，中国互联网技术和服务业发展散点分布都主要集中在某条直线的两侧，说明我国互联网技术和服务业发展水平之间可能存在线性相关关系，互联网技术水平的提高伴随着服务业的不断发展。

三、实证检验及结果分析

下面将检验互联网技术对我国服务业发展的影响，Hausman 检验结果表明，互联网技术对交易效率的影响及互联网技术对服务业发展的影响在逐步加入控制变量的过程中，每一步均拒绝随机扰动项和变量不相关的假设，应采用固定效应模型，加入交易效率作为调节变量时，应采用随机效应模型。

（一）互联网技术对服务业发展的回归结果

检验互联网技术对服务业发展水平的影响，通过逐步加入控制变量，对影响服务业发展的因素进行回归，结果如表 6.3 所示。

表 6.3　互联网技术对服务业发展的回归结果

变量	模型（1）	模型（2）	模型（3）	模型（4）	模型（5）
互联网发展水平	0.249*** （16.80）	0.421*** （11.99）	0.415*** （12.06）	0.393*** （11.16）	0.378*** （9.53）
经济发展水平		−10.20*** （−5.35）	−10.08*** （−5.40）	−9.410*** （−5.03）	−9.216*** （−4.89）
劳动力要素			1.101*** （3.57）	1.111*** （3.64）	1.090*** （3.55）
服务业投资率				1.111*** （3.64）	5.410* （2.54）
技术进步					1.033 （0.86）
常数项	33.19*** （53.25）	69.26*** （10.23）	65.09*** （9.67）	42.68*** （3.75）	39.73*** （3.34）
样本数	300	300	300	300	300
R^2	0.512 0	0.559 0	0.579 2	0.588 3	0.589 5
截面数	30	30	30	30	30

注：括号内 *t* 值，***、**、* 分别表示在 1%、5%、10% 的水平上显著。

表 6.3 的回归结果显示，无论加入何种控制变量，互联网技术都对我国服务业发展起显著促进作用，互联网技术对服务业发展的影响始终在 1% 的水平上显著。就模型的其他控制变量而言，劳动力、服务业投资水平和技术进步等要素亦能对我国服务业发展产生正向影响，但技术进步的影响还不够显著，说明我国应该加大技术投入，充分发挥技术进步对服务业发展的影响。同时，地区人均生产总值与我国服务业发展呈显著的负相关关系，说明经济发展水平未能很好地推动服务业发展。据国家统计局数据显示，2010 年我国经济增长的速率为 10.45%，2017 年该数值降为 6.8%，经济增长速率逐年降低，这与服务业逐年增长的趋势背道而驰，较低的经济增长速率尚未很好地为服务业发展提

供有力的基础支撑。

（二）互联网技术对交易效率影响的回归结果

分析互联网技术对交易效率的影响，由表 6.4 可以看出，在全国范围内，互联网技术对交易效率的影响始终在 1% 的水平上显著，保持着明显的正向作用，说明互联网技术的不断改进可以促进交易效率的提高。

表 6.4　互联网技术对交易效率影响的回归结果

变量	全国	东部地区	中部地区	西部地区
互联网发展水平	0.045 2*** （37.34）	0.033 1*** （17.69）	0.050 4*** （34.82）	0.057 1*** （30.98）
常数项	−1.686*** （−33.13）	−0.747*** （−7.87）	−1.917*** （−36.64）	−2.493*** （−37.15）
样本数	300	120	90	90
R^2	0.838 3	0.745 1	0.938 1	0.923 1
截面数	30	12	9	9

注：括号内 *t* 值，***、**、* 分别表示在 1%、5%、10% 的水平上显著。

（三）交易效率与服务业发展的回归结果

上述模型的回归结果显示，互联网技术对交易效率和服务业发展均有显著促进作用，那么，互联网技术是否可以通过影响交易效率进而影响服务业发展呢？下面对此进行检验，基本思路为：将交易效率作为调节变量，在模型中引入互联网技术与交易效率的变量交叉项，然后逐步加入控制变量进行回归分析，得到基于交易效率的回归结果，如表 6.5 所示。

将交易效率作为调节变量，互联网技术和交易效率的交互项对服务业发展的影响系数为 0.069 2，在 1% 的水平上显著，加入控制变量后得到的交叉项对我国服务业发展的影响依然十分显著，说明互联网技术通过提高交易效率促进了服务业发展，与理论分析相一致。对于其他控制变量，在引入交易效率后，劳动力、服务业投资水平和技术进步都对服务业发展有显著的促进作用，系数分别为 1.008、9.368 和 2.581，拟合程度较好，在前文未加入交叉项的基准模型结果的基础上增强了技术进步对服务业发展的促进作用。

表 6.5　基于交易效率的回归结果

变量	模型（1）	模型（2）	模型（3）	模型（4）	模型（5）
Inter	0.145*** （6.35）	0.270*** （7.55）	0.272*** （7.74）	0.211*** （6.23）	0.221*** （6.67）
Inter × *effi*	0.069 2*** （6.15）	0.070 1*** （6.41）	0.065 9*** （6.08）	0.072 6*** （6.97）	0.054 8*** （4.72）
ln *pgdp*		−7.376*** （−4.43）	−7.359*** （−4.49）	−5.502*** （−3.56）	−6.367*** （−4.15）
ln *emp*			0.975** （3.25）	1.014*** （3.39）	1.008*** （3.37）
ln *inv*				9.614*** （5.15）	9.368*** （5.10）
tech					2.581*** （3.56）
常数项	35.93*** （27.94）	61.97*** （10.28）	58.44*** （9.70）	14.20 （1.46）	14.92 （1.56）
样本数	300	300	300	300	300
R^2	0.556 7	0.594 2	0.608 5	0.618 2	0.609 4
截面数	30	30	30	30	30

注：括号内 *t* 值，***、**、* 分别表示在 1%、5%、10% 的水平上显著。

四、稳健性检验

前文三个模型的检验结果表明互联网技术对提高交易效率、促进服务业发展以及通过提高交易效率促进服务业发展均具有显著影响，为有效论证上述结果的稳健性，不妨将互联网技术的衡量指标替换为互联网宽带接入端口数，进一步进行稳健性检验，得到稳健性检验结果如表 6.6 所示。

表 6.6 是三个模型稳健性检验的结果，基本和前述分析结果类似，面板数据的核心解释变量和其他控制变量对服务业发展的影响均符合上述预期。全国

表 6.6 稳健性检验的结果

变量	模型（1）				模型（2）				模型（3）			
	全国	东部	中部	西部	全国	东部	中部	西部	全国	东部	中部	西部
互联网发展水平	0.879*** (50.99)	0.762*** (26.16)	0.910*** (32.40)	0.931*** (28.18)	4.450*** (9.26)	5.814*** (5.91)	13.54*** (8.57)	6.072*** (7.65)	7.658*** (10.27)	3.800*** (5.59)	4.523*** (3.93)	4.075*** (4.61)
互联网发展水平 2 × 交易效率									0.294* (2.34)	0.0472 (0.38)	0.929** (2.61)	0.548*** (3.30)
经济发展水平					−4.394** (−3.06)	−12.66*** (−4.68)	−28.98*** (−7.82)	−10.12*** (−5.16)	−15.96*** (−9.47)	−9.489*** (−4.31)	−17.53*** (−4.49)	−10.92*** (−5.24)
劳动力要素					1.063*** (3.45)	28.69*** (4.84)	12.75 (1.48)	0.596* (2.43)	0.616* (2.37)	32.65*** (8.22)	20.61** (2.95)	0.652** (2.60)
服务业投资率					10.64*** (5.65)	6.091 (1.95)	2.006 (0.73)	5.104 (1.78)	5.086** (2.87)	11.56*** (4.31)	4.603 (1.51)	4.331 (1.50)
技术进步					4.902*** (7.18)	6.091 (1.95)	−1.009 (−0.44)	8.366** (3.25)	2.486** (2.64)	2.772*** (4.26)	−6.182** (−3.25)	2.344 (1.12)
常数项	−5.745*** (−30.36)	−4.518*** (−13.15)	−6.358*** (−28.97)	−6.184*** (−23.55)	−21.87** (−2.69)	−72.97** (−3.35)	−1.009 (−0.44)	12.36 (1.06)	32.45*** (3.41)	−110.9*** (−7.50)	−3.370 (−0.08)	38.23** (2.77)
观察值	300	120	90	90	300	120	90	90	300	120	90	90
R^2	0.906 4	0.864 0	0.945 0	0.919 6	0.641 1	0.779 1	0.796 4	0.732 2	0.711 0	0.764 7	0.754 7	0.736 2
截面数	30	12	9	9	30	12	9	9	30	12	9	9

注：括号内 t 值，***、**、* 分别表示在 1%、5%、10% 的水平上显著。

范围来看，互联网技术对服务业发展影响显著，综合影响力系数为4.450，尤其是加入交易效率作为调节变量后，互联网技术对服务业发展影响更为显著，综合影响力系数为7.658；各地区来看，中部地区影响最为显著，其次是西部地区和东部地区。稳健性检验结果从侧面充分论证，无论全国还是各地区，互联网技术都能够通过交易效率较好地影响服务业发展，但是不同地区互联网技术对服务业发展的影响作用不同，互联网技术对服务业发展影响的地区异质性较大。

五、内生性检验

前文讨论的是互联网技术对服务业发展的影响，然而，服务业的发展在一定程度上也会促进互联网技术的提升，也会受其他许多变量的影响，因而可能存在互为因果关系和遗漏变量导致的内生性问题。本章将电话普及率作为互联网普及率的工具变量，使用广义矩估计法（GMM）进行内生性检验。一方面，电话普及率与互联网普及率存在相关性，另一方面，电话普及率与服务业发展之间不存在直接的关联性。因此，该变量符合有效工具变量的相关性和外生性条件。首先检验工具变量的有效性，Sargan检验结果表明，在5%的显著性水平上，接受“所有工具变量均有效”的原假设，然后对回归方程作一阶差分，将滞后变量作为工具变量，进行Sargan检验，最后进行系统GMM估计，结果如表6.7所示。

表6.7　内生性检验的结果

变量	Y	z
$L.y$	0.890^{***}	16.15
互联网发展水平	0.210^{***}	6.24
互联网发展水平 × 交易效率	0.307^{*}	2.08
经济发展水平	-4.300^{**}	−3.00
劳动力要素	0.389^{*}	2.20
服务业投资率	−0.959	−0.76

表 6.7(续)

变量	*Y*	*z*
技术进步	−1.383	−1.32
常数项	26.46**	3.12
Sargan 检验	（0.873）	
Arellano-Bond 检验，简称 AR(1)	（0.061）	
Arellano-Bond 检验，简称 AR(2)	（0.484）	
N	210	
R^2	0.753 8	
估计方法	GMM	

注：***、**、* 分别表示在 1%、5%、10% 的水平下显著，括号里为 P 值。

内生性检验结果表明，所有工具变量均有效且扰动项不存在自相关，核心解释变量和加入交易效率作为调节变量后均对服务业发展影响显著，说明上文实证检验得到的互联网技术通过提高交易效率促进服务业发展的结论是可靠的。

第四节　实证结果的进一步解释

互联网技术为什么能提升交易效率，从而促进服务业发展呢？理论模型只是借鉴新兴古典经济学的分工理论做了数学逻辑推理。本节将进一步解释其内在机理。

互联网技术的应用可以降低交易费用，提高交易效率，使服务供给者的供给量和消费者的需求量同时增加，从供给侧和需求侧两方面同时增强服务业消费，进而促进服务业发展。

一方面，互联网技术提高了服务业企业研发、生产、销售、售后等各环节的效率，降低了服务提供的成本，改善了服务质量，刺激了服务消费需求，满足了消费者从传统的温饱型消费向享受型消费的过渡，使服务消费大大增加（李旭洋 等，2019）。

另一方面，互联网技术使生产者与消费者的沟通更加便捷迅速，个性化、定制化服务满足了消费者的偏好，改进了服务消费体验。进一步来讲，互联网技术作为一种应用广泛的通用技术，固定成本巨大而边际成本趋于零，最重要的经济特征在于其规模经济性。互联网技术不仅产生了最具活力的互联网产业，而且对其他产业也影响巨大。近年来发展迅速的服务业便离不开互联网技术的发展。互联网技术降低了生产、传播、存储、运输、销售、搜索、消费等各个环节的成本，具有显著的长尾效应（安德森，2006）。随着互联网等智能技术在制造业、服务业等领域的应用，分享经济、平台经济等新业态也应运而生，交易效率得到空前提高，服务消费大大增加，大部分服务行业具备了平台化、智能化、个性化、多样化、便捷化、规模经济显著等特点。

第一，互联网技术在服务业领域的创新应用，催生了分享经济新业态新模式，分享经济利用互联网技术对社会的大量闲置分散资源进行整合使用，突破了时空限制，打破了信息屏障，使信息传递更加便捷迅速，交易效率空前提升，实现了供需的快速精准匹配，提高了服务供给和消费的效率和质量，为服务业的创新发展提供了新动力。具体来说，一方面，互联网技术产生的分享经济利用了大量闲置资源和分散劳动力，不仅传统的服务供给者可以提供商品和服务，消费者之间也可以基于分享平台互相提供产品和服务，极大地提升了服务业的供给能力，也符合新兴古典经济学的“每个人事先既是消费者又是生产者”的假设；另一方面，共享服务的新的商业模式也促使餐饮、清洁等传统家庭自给自足式服务转变为市场化服务，刺激了潜在的生活服务需求，拓宽了服务消费渠道，提升了服务消费效率，从而促进了服务业发展。例如，美团网推出了美团收银茶饮版等餐饮管理系统，不仅提高了商家的点单和收银效率，还实现了智能营销和管理，提高了交易效率。

第二，依托互联网、大数据、云计算、人工智能等新技术的平台经济为服务业发展提供了新的商业模式。平台经济通过双边市场效应和平台的集群效应，使各参与方受益，实现平台价值、客户价值和服务价值的最大化。服务供给方通过网络交易和服务平台充分展示服务信息，自由供给，拓宽了市场规模，打破了区域和行业垄断；服务需求方通过平台获取需要的服务信息，且可以轻易进行价格、质量等方面的比较，选择最优的服务消费，在获取信息环节无须付费，只需在最终的买卖环节付费，降低了搜寻成本，增加了自由的消费选择，同时物流专业服务平台、第三方支付平台、保险等的发展为服务消费提供了切实的保障。在智能化供需配置器的支持下，不同市场之间的隔阂被打破，供求信息在市场之间的传导变得更为迅速，服务业企业可以更快地感知到消费者需求的变化，并有针对地调整生产和销售策略，进一步促进服务消费。总之，基于互联网技术的平台经济的发展降低了各参与方的交易成本，大大提高了交易效率，提升了整个社会的资源配置效率，增强了服务消费，促进了服务业的创新发展。

下面通过实证检验互联网技术、交易效率与服务业消费的关系。以城镇居民人均服务消费支出（包括交通、通信、教育、文化、娱乐、医疗保健等支出）作为被解释变量，互联网普及率为核心解释变量，交易效率为调节变量，以上数据均来源于《中国统计年鉴》。设定面板数据的基本模型为：$C_{it}=\chi_0+\chi_1 I_{it}+\chi_2 I_{it}\times E_{it}+\tau_{it}$，其中，$C_{it}$为被解释变量，代表服务业消费水平。$I_{it}\times E_{it}$表示互联网技术和交易效率的交互项，说明互联网技术可以通过交易效率的调节效应影响服务业消费。i和t分别表示地区和时间，τ_{it}表示随机误差项。检验结果如表6.8所列。

表6.8　互联网技术、交易效率对服务消费影响的回归结果

变量	全国	东部地区	中部地区	西部地区
互联网发展水平	0.176***	0.141***	0.163***	0.184***
	（32.80）	（12.81）	（16.93）	（27.61）
互联网发展水平×交易效率	0.025 9***	0.031 8***	0.048 1***	0.032 4***
	（9.39）	（7.11）	（6.89）	（7.44）
常数项	2 004.9***	2 003.7***	2 006.9***	2 006.5***
	（11 308.85）	（5 621.72）	（6 213.41）	（7 680.60）
样本数	300	120	90	90
R^2	0.944 0	0.929 9	0.971 7	0.963 3
截面数	30	12	9	9

注：括号内 *t* 值、***、**、* 分别表示在 1%、5%、10% 的水平上显著。

表6.8的回归结果显示，全国范围内，互联网技术与交易效率的交叉项对服务消费的影响系数为0.025 9，在1%的水平上显著，对服务业消费有明显的正向作用。前文中，表6.4的回归结果表明互联网技术对交易效率有显著的促进作用。因此，互联网技术能够提升交易效率，增强服务业消费需求，从而促进服务业发展，与理论分析相一致。

第五节　提升交易效率，大力发展分享经济的政策启示

第一，通过加大中西部地区的互联网基础设施投资实现高质量发展。创新、协调、绿色、开放、共享是高质量发展的应有之义。服务消费升级能够实现绿色发展，加快推进中西部地区的信息网络设施建设，提高中西部地区的互联网技术水平，降低互联网技术的研发和使用成本，缩小与东部发达地区的差距，有利于实现创新、协调与共享发展。

第二，进一步降低交易费用，提高服务消费交易效率。运用互联网技术创新服务方式，扩大服务消费需求。从基础设施、通信、市场化程度、政府公共服务、对外开放程度、城市化等多角度着手综合提高交易效率。政府应深化改革，加强制度保障，加大公共服务支出，完善公路、铁路等交通网络体系和电信、互联网等通信设施建设，扩大对外开放水平，改进交易技术和交易方式，降低外生交易成本和内生交易成本并持续降低交易成本，强化互联网等新技术创新对交易效率的促进作用，进一步促进服务业高质量发展。

第三，加速推进互联网技术与现代服务业深度融合。深化以移动互联网、大数据、云计算、物联网等为代表的信息技术在服务业领域的广泛应用，以培育网络化、智能化、协同化的服务新业态为抓手，积极开发个性化的服务产品，开展体验式、共享式、个性化消费服务，发展综合型、特色型服务平台，提升服务能力和用户体验，建立现代服务互联网消费平台，进一步促进分享经济、平台经济发展，优化现代服务业结构。服务业发展较好的东部地区应充分发挥互联网开放创新优势，提高自主创新能力，促进服务业智能化、高端化发展；服务业发展相对较弱的中西部地区应尽快解决“互联网 +”新业态发展面临的体制机制障碍和人才匮乏问题，逐步推广互联网技术的应用，并做好区域间的配套与衔接，带动服务业创新发展和经济高质量发展。

本章小结

本章在新兴古典经济学的分工视角下，运用超边际分析方法，构建了互联网技术、交易效率与服务业发展的一般分析框架，并利用 2008—2017 年我国 30 个省（自治区、直辖市）的面板数据对互联网技术、交易效率与服务业发展之间的关系进行了实证检验。得出以下结论：第一，互联网技术通过提升交易效率，从而带动服务消费来促进服务业发展；第二，就发展阶段性而言，目前互联网技术通过提升交易效率，增加服务消费进而促进服务业发展的边际效应在中部地区表现最强，西部地区次之，东部地区的边际效应已经较为微弱，低于全国平均水平且不显著。本章结论的政策性含义是发挥服务消费对高质量发展的基础性作用，关键在于通过降低互联网技术的研发和使用成本，提升互联网与传统产业的融合度，从而进一步降低交易成本，提升交易效率。

虽然本章从交易效率视角分析了互联网技术创新对服务业发展的影响机理，并初步设计了互联网技术对服务消费的影响，但并未深入分析互联网促进服务消费升级的作用机理和实现路径。下一章拟对该问题进行深入剖析。

第七章　互联网技术促进公共服务消费升级的实现机制

第一节　引　言

党的十九大报告指出，新时代我国社会主要矛盾已经转化为人民日益增长的美好生活需要和不平衡不充分发展之间的矛盾。我国社会主要矛盾变化包括两个层次：一是人民对美好生活需要日益表现为对优质教育资源、家政、养老、健康、文化等公共服务需求的消费升级；二是我国发展不平衡不充分的问题日益凸显。由于城乡之间、区域之间的发展不平衡，使得人民的需求不能得到满足，特别是就业、教育、医疗、居住、养老等民生领域方面的公共服务存在供给缺口。治理公共服务供给缺口对于促进公共服务消费升级日益重要。

随着中国经济进入“新常态”，驱动经济增长的动能逐步从投资转型到消费。根据国家统计局的数据，我国消费市场呈现稳步加快增长态势，消费对经济增长的基础性作用持续增强，最终消费支出对经济增长的贡献率超过了70%。为了实现中国发展目标由单纯追求经济增长到高质量发展的转型，需要不断发挥消费对经济增长的动能作用。伴随着服务业在经济发展中的作用日益显著，服务消费对经济增长的贡献逐渐增加，尤其是与居民生活质量密切相关的公共服务消费的地位逐渐显现，那么是什么因素显著促进了公共服务消费升级？其中的内在机理与传导路径又是什么？这些都需要学者们做出学理上的解释。

传统观点认为居民收入水平和价格是影响公共服务消费的重要原因。由于公共服务消费的收入弹性和价格弹性较低，以及公共服务消费具有政府补贴性，居民收入增长对促进公共服务消费升级的影响有限。但互联网的普及为促进居民公共服务消费带来了机遇。互联网不仅改变了服务消费的时空约束，还创新了服务商业模式，具有服务供给多元化、移动终端智能化、移动安全增强化、平台垂直一体化、应用服务融合化等特点的互联网为带动公共服务消费提供了更具全面化的竞争优势。

虽然本书第三章已经分析了分享经济或者协同消费商业模式创新促进公共服务消费升级的内在机理与实现途径，但由于分享经济和协同消费这种抽象的概念很难以单一的指标去测度，而分享经济、协同消费或者分享平台影响公共服务消费升级的重要物质技术基础是互联网技术，特别是新一代移动互联网技术。所以本章将着重从理论和实证方面进一步探讨互联网普及影响公共服务消费的内在机理和传导路径。

与已有研究相比，本章的贡献主要包括以下两点。一是已有文献对公共服务消费影响因素的研究主要集中于城镇化和收入水平等方面，而随着网络经济与数字经济不断发展，互联网影响服务消费的效应日益突出，本章侧重从互联网普及的视角研究公共服务消费升级的内在机理。二是本章强调了互联网普及影响公共服务消费的区域、行业以及城乡异质性效应，特别是互联网普及影响公共服务消费的门槛效应。这些突破性的研究结论对政府制定消费升级政策具有很好的指导意义。

伴随服务经济时代的来临，越来越多的学者开始重视服务消费的相关研究。首先是服务消费与经济增长的关系研究。传统经济理论认为由于低效率的鲍莫尔“成本病”特征，服务业发展将降低经济增长速度，但该结论受到很多学者的质疑。程大中（2006，2010）认为降低服务消费者的时间偏好率，增加服务消费所带来的未来收益的稳定预期可以提高服务消费偏好从而促进经济长期增长。蒲成毅等（2012）发现保险消费以家庭个人和政府机构的服务消费形式进入消费领域，通过人力资本积累效应促进经济增长。江小涓（2018）认为互联网时代服务消费只要能突破“国民总时间”的硬约束就能促进经济增长。

二是服务消费的传统影响因素研究。传统需求理论认为价格和收入水平是影响消费的主要因素。程大中（2008，2009）认为，服务需求缺乏价格弹性导致居民服务消费支出比重上升的首要因素是服务价格，而非收入水平的上升。现有研究也表明市场结构、制度、人口等因素也是影响服务消费的重要变量。张二华等（2010）以医疗服务市场为研究对象发现服务消费成本的外部性是影响医疗寡头竞争市场结构下服务消费结构的重要因素。彭晓博等（2017）认为医疗服务消费量随家庭财富增加而增加，但财富效应也加剧了新农合制度主导下的医疗服务消费不平等。张颖熙（2014）研究发现收入水平和价格是影响城镇居民家庭服务消费的主要因素，且服务消费弹性具有行业异质性。杨碧云等（2014）认为除家庭收入因素外，家庭生命周期阶段、家庭人口性别结构、家庭其他特征变量和城镇人口规模也显著影响服务消费。

三是互联网与服务消费研究。网络经济时代，互联网已经成为扩大服务消费必不可少的条件。其首先表现在互联网导致了服务业的商业模式创新。在互联网环境下，经济时空向外无限延伸变革了传统商业模式，催生了新的平台商业模式。随着移动互联网技术的不断更新，互联网与传统服务业深度融合，催生了许多新服务业态，拓展了服务消费的空间。互联网促进服务消费的原因在于互联网的本质性特征。互联网的基本特征如相互交换、端到端的服务等，为互联网促进服务消费过程中多维利益相关者提供了明确界限。互联网优化了服务消费的环境，使得服务透明度不断提高，为消费者提供了畅体验的过程（曾世宏 等，2016）。但伴随着网络经济的不断扩大，网络消费安全性的问题也变得日益重要。互联网促进服务消费过程中存在个人信息、网络资金、物流配送三方面的安全性问题。消费网络信息的跨界性以及无边界性为消费者的消费带来了很大的便利性，但也带来了知识产权边缘化问题。此外，在线评论的可靠性也遭到了质疑，恶意刷单问题严重，逐渐减弱了消费者的消费信心。

国外学者较早运用网络产业组织理论和实证检验方法研究互联网对服务供给和服务行业创新的影响。近年来，随着互联网的不断普及和平台服务公司的出现，基于协同消费的分享经济现象再次成为理论研究的热点。仔细研读国内外相关文献，发现目前对互联网普及影响服务消费的机理研究还缺乏理论解释深度、规范实证检验和系统对策建议，特别是如何利用互联网普及来促进公共服务消费方面的国内文献还比较缺乏。本章力图构建互联网普及影响公共服务消费的理论分析框架，运用中国数据实证检验互联网普及影响公共服务消费的效应以及路径，并提出可操作的对策建议。

第二节　互联网普及促进公共服务消费的机理与路径

一、互联网普及促进公共服务消费的内在机理

（一）互联网普及降低了公共服务消费的交易成本

1. 传统服务的典型特征决定了服务消费的高交易成本

传统服务最基本的特征是无形性和不可逆转性。这个基本特征决定了传统服务不像有形产品一样能够被储存、转运、拥有和摆售。因此，服务消费过程中服务提供者和服务消费者必须满足时空同一性。既然传统服务是服务提供者和服务消费者的面对面协同交流活动，所以传统服务业很难产生规模经济，实现标准化生产以及生产效率的大幅提高。这些服务的典型特征最终决定了服务消费的高交易成本，包括服务价格谈判成本、高质量服务的搜寻成本、服务事件维权成本等。

2. 互联互通条件下服务消费的新特征能有效降低高交易成本

互联互通条件下传统服务的典型特征发生了许多改变（江小涓，2017）。这主要表现在三个方面：一是现代交通基础设施的完善大大缩短了消费的时空距离，相对节省了服务消费进程中的搜寻成本，人们可以在更大的时空范围寻找更加优质的服务；二是现代信息技术在很大程度上改变了传统服务不能够被储存、转运、拥有和摆售的典型特征，通过把传统服务数字化“封装”在应用软件上，消费者可以通过自我服务来达到服务消费的目的，这种服务消费产品化的方式大大提高了服务消费效率，降低了服务消费交易成本；三是互联网，特别是移动互联网的普及，使得传统服务业与互联网能够深度融合，催生了许多服务新业态和新模式，服务新商业模式大大节省了服务消费的交易成本。

3. 互联网平台降低服务消费高交易成本的声誉机制

在错综复杂的公共服务供给和需求网络关系中，由于信息不对称导致交易过程中的不确定性和复杂性以及因为交易双方的投机主义片面追逐利益而产生的彼此不信任将会给公共服务消费带来交易成本。根据委托 - 代理理论，信息不对称导致的交易成本是阻碍消费增长的重要因素。互联网的普及可以有效降低公共服务交易中间费用，进而促进公共服务消费需求。这主要是因为互联网平台能够有效消除信息不对称问题。一方面，互联网平台通过实名认证能够确定服务提供者和服务消费者的真实身份；另一方面，互联网平台的信誉评价机制能够相互评价服务提供者的服务质量和服务消费者的诚信程度。

（二）互联网普及优化了公共服务消费的市场环境

1. 传统服务的消费环境

传统服务消费需要服务提供者和服务消费者面对面进行协作交流，相互合作的密切程度在很大程度上决定了服务质量和服务效率。相互合作的密切程度需要双方的深度情感交流和彼此信任融洽。服务内容还有可能涉及服务对象的私人信息，这些私人信息不便对外公开，需要服务提供者承诺保密。彼此信任是传统服务消费过程发生的前提基础，所以传统服务消费的市场环境基本上是熟人圈或者朋友圈，一般不会去陌生人的环境下进行服务消费。

2. “互联网 +”背景下的服务消费环境

由于互联网平台能够有效消除服务提供者和服务消费者之间的信息不对称，所以“互联网 +”背景下的服务消费环境首先不再是仅局限于熟人圈或者朋友圈。更多的服务消费是选择与陌生人之间进行，而与陌生人之间的服务交易往往是在互联网平台进行。服务消费的市场竞争由原来的熟人圈或者朋友圈之间的竞争主要转化为互联网平台之间的竞争。互联网平台之间的竞争更多体现在平台自身的声誉、平台提供的服务消费便利性、安全性与价廉性。

3. 互联网普及优化公共服务消费环境的路径保障

一方面互联网普及改变了传统商业竞争环境和准则。开放式的平台管理模式将信息模块化、人性化和集成化进行融合，最终实现多维度共享网络资源。资源分享平台通过实名认证，能够消除信息不对称，提高消费者的公共服务消费忠诚度。另一方面，互联网平台消费对人们的行为、生活方式和价值理念也产生了深刻的影响。以信息技术和协同消费为基础的互联网普及带动了居民消费结构的转型，在消费方式和理念上表现为从占有到体验的消费行为的转变，而这种转变反映了在满足基本生活需要的基础上，个体需求逐步取代市场力量成为消费边界重构的主力军，人们的消费需求开始向注重消费经历和体验的方向转变。

消费环境的优化涉及面广，从根本上说是一项与流通环节效率密切相关的系统工程。总体而言，互联网技术为消费环境优化提供了路径保障，它提高了流通效率，降低了流通成本，满足了消费者实体消费需要。移动互联网的信息对称在满足多元化服务消费方面发挥了巨大作用，拓宽了消费领域，提高了消费档次。具体为：一是互联网使得消费具有互动性，即互联网为消费者和商家搭建了一个快捷而实用的平台；二是互联网使得消费具有自主性，即互联网最大限度地扩大了消费总量，强化了消费者的自主选择、自主消费的系列权益；三是互联网使得消费具有合理性，即互联网有助于实现空间分散之间的供求匹配，从而可以更好地提高供给双方的福利水平。

（三）互联网普及促进公共服务消费的门槛效应

当然，从理论上阐释互联网普及能够降低公共服务消费的交易成本，优化公共服务消费的市场环境，并不意味着互联网影响公共服务消费没有约束条件。事实上，现实生活中任何事物的发生过程并不都是简单的线性过程，而是一个由量变引起质变的非线性过程。互联网对公共服务消费的影响也可能是一个由量变到质变的非线性过程。一方面，互联网只有达到一定的普及程度，互联网技术对经济社会的正外部性影响才能够得以发挥；另一方面，互联网普及对公共服务消费的影响可能还会受到其他约束因素的影响，即使互联网普及程度保持在同一水平，由于互联网发挥作用的其他中介条件因素不同，其正的外部性影响程度可能也会不一样。此外，互联网普及影响公共服务消费的非线性过程可能会由于普及程度不够造成的公共服务消费拥堵效应，也可能会由于互联网普及程度超过门槛值而表现出对公共服务消费影响的边际效应递减。

综上，通过分析互联网普及影响公共服务消费的内在机理提出第一个假设H1：互联网普及能够显著地促进公共服务消费升级。互联网特有的属性，使得互联网普及与公共服务消费之间关系是非线性的，可能存在门槛效应。

二、互联网普及促进公共服务消费的实现路径

（一）城镇化内生的互联网普及提高了公共服务消费水平

（1）互联网普及是现代城市建设的必要条件。互联网的出现是迄今为止人类社会最伟大的发明之一。通过对大数据的处理分析，互联网成功对接各大传

统领域。一方面，人们可以利用互联网电子商务平台进行B2B、B2C、C2C、P2C、O2O与P2P等模式的商业交易，甚至可以进行进出口贸易。另一方面，也可以通过互联网寻找兼职或全职工作。互联网作为现代城市建设的最重要基础设施之一，是城镇化内生的必要条件。因而，互联网普及与城镇化水平存在着正向关系，即互联网普及率越高，城镇化水平越高。而城镇化水平则是影响居民消费的重要因素。城镇化影响公共服务消费机制的原因可以分为三类。一是城镇化水平的“集聚效应”。农村人口大量地涌入城市，会极大地刺激消费需求。二是城镇化水平的“示范效应”。随着城市的全面扩张，消费品愈发琳琅满目，消费观念会潜移默化地受到国际化城市标准的影响。三是城镇化水平的“优化效应”。伴随着城镇化水平的不断提高，城乡居民的消费环境得到了改善，进而带动居民消费水平。

（2）城镇化内生的互联网普及能够提升公共服务消费水平。互联网作为消费互动交易平台，大大拓展了人们的交易范围和交易频率。互联网实时发布的一些公共服务项目信息也会相对减少因信息不对称所造成的交易数量。此外，消费者可以透过互联网熟知周围人群的公共服务消费状况从而有效改变人们的公共服务消费偏好。城镇化水平能够提升公共服务消费水平，其效应主要有两类。一是城镇化对人口结构变动的“联动效应”。伴随着城镇化的发展人口集聚在城镇，城市人口集聚促进了现代服务业发展，而现代服务业发展又提升了公共服务消费的供给基础。二是城镇化对公共服务消费的“累积效应”。城镇化过程中，公共服务投资会在经济发展上产生乘数效应，进而引发公共服务消费的加速效应。城镇化对公共服务消费的累积效应是由乘数效应和加速效应相结合产生。

（二）互联网普及内生的人力资本提升优化了居民消费结构

互联网普及能有力促进人力资本提升。互联网深刻地变革了组织管理的流程、架构以及运营效率，特别是对人力资源管理产生了深远的影响。一方面，互联网催化了各种教育平台在全世界范围内的出现和繁荣，为人力资本积累提供了源源不断的技术支持。互联网凭借其无边界的特性，可以满足人们随时随地学习的需求。因此越来越多的人选择在教育平台进行技能培训，来不断提高自己的能力。另一方面，“互联网 +”背景下人力资源管理的“去核心化”促进了资源共享的实现。互联网凭借其跨区域的特性，能够及时反馈最新的知识信息，实现资源的双赢共享。伴随着互联网的不断普及，经济中的消费率随之增加。尽管政府公共支出减少，但个人对公共服务的消费会随互联网普及率的提高而增加。

人力资本提升是促进公共服务消费的重要影响因素。互联网普及促进人力资本提升从而影响公共服务消费。从宏观层面，人力资本包含人的知识技能、受教育程度、健康状况等。人力资本提升内在要求提高养老、教育、医疗等公共服务的消费支出，即人力资本与公共服务消费之间存在互为因果的关系。通过分析居民消费能力影响因素可知，人力资本素质提高，居民消费能力也会随之提高。人力资本支出对公共服务消费具有正的溢出效应。从微观层面，人力资本与炫耀性产品消费之间呈反向关系，即人力资本水平越高，炫耀性产品消费越少，公共服务消费越多。随着人力资本支出的提高，对家庭的消费行为也会带来一定的影响。人力资本量越高的家庭，公共服务消费水平越高。人力资本影响公共服务消费的路径因投资主体的不同而不同。政府或者企业的人力资本投资会“前向”影响公共服务消费结构，家庭的人力资本投资会“后向”影响公共服务消费结构。互联网普及影响公共服务消费的机理路径可以用图 7.1 进一步加以总结。

综上，通过分析互联网普及影响公共服务消费的实现路径提出第二个假设 H2：互联网普及主要通过两个路径影响公共服务消费：通过促进城镇化水平来影响公共服务消费和通过影响人力资本水平来带动公共服务消费。这两种效应随着互联网的不断普及，影响效应将持续增强。

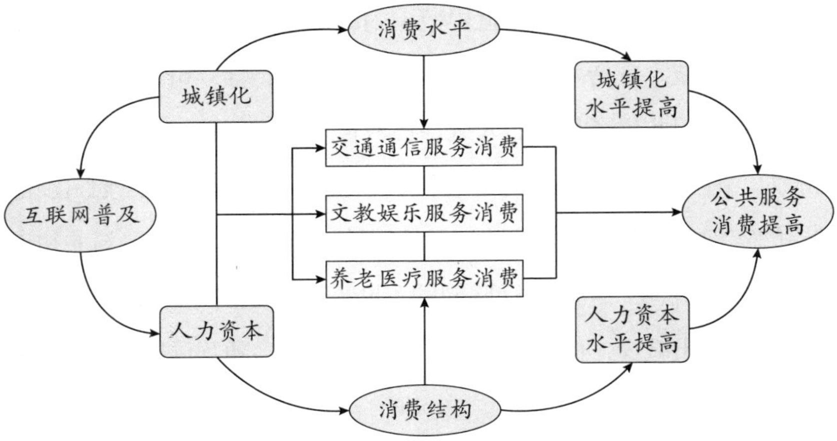

图 7.1　互联网普及影响公共服务消费的机理路径图

第三节　研究设计与数据来源

一、模型设定

本章的研究目的在于检验互联网普及对公共服务消费的影响，所以我们的计量经济学模型以公共服务消费为解释变量，以互联网普及为核心解释变量。其中，互联网普及用互联网普及率衡量。公共服务消费由交通通信、文教娱乐、医疗养老三个公共服务消费综合来衡量，此外我们将分别考查三种公共服务消费受互联网普及的异质性影响。

鉴于面板数据模型具有能够控制个体异质性、提供更多的信息、更好地确定和估计纯截面或纯时间序列模型无法确定的经济关系等优点，本章进行回归分析时选取了面板数据模型。混合数据模型、固定效应模型、随机效应模型是面板数据模型的三大类型，其中固定效应模型又分为固定个体、固定时间和双固定三种类型。通过检验，本章选取了固定效应模型。为控制住个体效应和时间效应，同时考虑到31个样本在经济发展、人文地理、社会风俗、城镇化程度等方面存在较大的差异，本章采用双固定效应模型进行回归。这是因为解释变量对被解释变量的影响可由固定了时间和个体异质性的双固定效应模型更准确地说明。本章建立以下面板数据模型。

$$P_{ijt}=\beta_0+\beta_1 I_{it}+\delta^T\sum X_{it}+\eta_i+\gamma_t+\varepsilon_{it} \tag{7.1}$$

式中，下标 i 表示样本省份，j 表示公共服务行业，t 表示年份，被解释变量 P_{ijt} 为公共服务消费量，核心解释变量 I_{it} 为互联网普及率，$\sum X_{it}$ 为其他控制变量，η_i 和 γ_t 分别表示个体效应和时间效应，β_0、β_1 和 δ^T 表示常数项和解释变量的回归系数矩阵，ε_{it} 为随机误差项。

二、变量选取与数据来源

为了更直观地说明互联网对我国公共服务消费的影响，同时为进一步实证检验做准备，首先对选取的相关变量进行必要的解释说明。核心解释变量互联网普及率为互联网用户数占常住人口的比重，该指标反映一个国家或地区经常使用因特网的人口比例，通常用来衡量国家或地区的信息化发达程度。控制变量城镇化率为城镇人口占总人口的比重，是影响公共服务消费的重要因素。城市化的不断扩张为互联网发展提供了较好的外部环境以及技术基础。人力资本为专科文化程度以上人口数占总人口数的比重。人口出生率由（年内出生人数 / 年内平均人口数）×1 000‰计算而得。抚养比为非劳动年龄人口占劳动年龄人口数的比重，抚养比越大，表明劳动力人均承担的抚养人数就越多，意味着劳动力的抚养负担就越严重，老年抚养比与少儿抚养比与总抚养比计算类似。政府能力用公共财政支出测度，由交通通信财政支出、文教娱乐财政支出和医疗养老财政支出的求和而得。

值得说明的是，影响公共服务消费的其他变量，如居民收入水平、公共服务价格水平等，本章没有将它们作为控制变量，主要原因是本章对居民收入水平与公共服务消费做了回归分析，在控制互联网普及的前提下，发现居民收入水平提升并不对公共服务消费增加具有显著的影响，即居民收入水平增加不是公共服务消费水平提升的必要条件。由于篇幅有限，此回归结果没有在正文中列出。而公共服务价格水平则没有找到相应的面板和行业数据。

本章主要数据来自中国及其各省（自治区、直辖市）2007—2016年的统计年鉴。部分原始数据来源于中国经济信息网、国家统计局数据库、Wind咨询数据库、《中国科技统计年鉴》和《中国人口和就业统计年鉴》。为了消除价格影响，本章对历年公共服务消费支出数据进行平减。平减办法是算出2007—2016年的平减指数后，再把各名义变量换算为实际变量。选取2007年为核算的平减指数的基期，即2007年的平减指数为100，则第i年的平减数为：$\frac{Y_i}{Y_i index}\times\frac{Y_{2007} index}{Y_{2007}}$。$Y_i$代表第$i$年的公共服务消费支出。为进一步深入观察各变量数据的统计学特征，本部分先对面板数据模型的各变量进行描述性统计。为尽可能地消除异方差和确保数据的平稳性，在实证分析之前也对部分变量做了自然对数处理，各变量数据的具体描述性统计结果见表7.1。

表7.1　变量的描述性统计

变量	观测值	均值	标准差	最小值	最大值
公共服务消费量	310	8.73	0.45	7.52	9.74
农村公共服务消费量	310	7.35	0.64	5.57	8.68
城镇公共服务消费量	310	8.42	0.40	7.37	9.38
交通通信消费	310	7.83	0.49	6.92	9.01
文教娱乐消费	310	7.66	0.47	6.18	8.64
医疗养老消费	310	7.28	0.47	5.78	8.42
农村交通通信消费	310	6.43	0.64	4.99	8.03
农村文教娱乐消费	310	6.13	0.71	3.71	7.38
农村医疗养老消费	310	6.09	0.69	3.91	7.60
城镇交通通信消费	310	7.54	0.46	6.22	8.54
城镇文教娱乐消费	310	7.40	0.43	6.04	8.42
城镇医疗养老消费	310	6.89	0.40	5.61	7.95
互联网普及率	310	35.42	17.64	3.91	77.77
城镇互联网普及率	310	42.15	20.99	4.65	92.55

表 7.1(续)

变量	观测值	均值	标准差	最小值	最大值
农村互联网普及率	310	26.28	16.12	1.95	70.00
城镇化率	310	52.59	14.33	21.50	89.60
人力资本	310	8.72	1.21	4.22	13.23
人口出生率	310	11.39	2.67	5.36	17.89
总抚养比	310	35.68	6.48	19.27	55.09
老年抚养比	310	12.65	2.61	6.71	20.04
少儿抚养比	310	23.03	6.55	9.64	42.22
公共财政支出	310	6.67	0.79	4.20	8.54
交通通信财政支出	310	4.95	0.96	2.14	7.59
文教娱乐财政支出	310	6.14	0.78	3.71	7.84
医疗养老财政支出	310	5.09	0.87	2.44	7.02

数据来源：由 Stata 15.0 计算而得。

从表 7.1 可以看出，城镇互联网普及率的方差明显大于农村互联网普及率的方差，这说明农村互联网普及率的变化幅度比较小，相对比较平稳，数据波动不大。而根据两变量之间数据最值和均值的比较，可以清晰地看出城镇和农村互联网普及率的差距比较大，农村互联网普及明显落后于城镇。同样的方法，我们可以看出无论是农村居民还是城镇居民，其交通通信消费的增长明显快于另外两项，并且交通通信消费的方差也比另外两项大很多，说明波动比较大。此外农村和城镇人均公共服务消费的巨大差距也能够从上面变量描述性统计结果中清晰地展现出来，这也提醒了各级政府在制定乡村振兴战略实施方案时要考虑到这一现实情况，有必要向农村进行政策性倾斜。

第四节　互联网普及对公共服务消费影响效应的实证检验

一、基准回归

为了避免遗漏变量带来的估计偏差，我们采用逐步回归的方法筛选出对公共服务消费可能产生影响的变量，从而来确定计量模型。

从表 7.2 中我们可以看出，互联网普及率对公共服务消费有显著的促进影响：互联网普及率每提高一个单位，公共服务消费增加 0.144 个单位。但也不难发现，在互联网条件下城镇化率和人力资本指数对公共服务消费具有更高的边际效应，即公共服务消费主要通过城镇化和人力资本水平提升来实现（下文将进一步检验其实现机制）。而出生率对公共服务消费存在“拥堵效应”，即出生率每提高一个单位，公共服务消费下降 0.271 个单位，可能的原因是现阶段公共服务供给存在总量缺口和供给不均等状况。

二、异质性检验

除了采用最小二乘估计法（OLS）进行回归，在双固定效应模型下，本章还采用了工具变量最小二乘法（IV-2SLS）进行回归。当解释变量与随机干扰项相关时，为了消除 OLS 得到参数的估计不一致性，我们用互联网普及率的滞后一期作为工具变量。

在回归之前，考虑到 31 个样本十年的数据样本量可能太少，在进行具体回归分析操作时，我们将采用 Bootstrap 做 100 次循环抽样来增加数据的真实性。同时，为了控制数据可能存在异方差问题，回归时我们将采用异方差稳健标准差方法来直接消除异方差。

表 7.2　基准模型的回归结果

	（1）	（2）	（3）	（4）	（5）	（6）
互联网普及率	0.262*** （8.73）	0.189*** （5.07）	0.190*** （5.10）	0.157*** （4.24）	0.154*** （4.04）	0.144*** （3.66）
城镇化率	—	0.432** （3.19）	0.445** （3.32）	0.618*** （4.44）	0.635*** （4.40）	0.686*** （4.50）
人力资本指数	—	—	0.183* （2.74）	0.187** （3.37）	0.170* （3.03）	0.155* （3.59）
出生率	—	—	—	−0.260*** （−4.02）	−0.270*** （−3.93）	−0.271*** （−3.94）
抚养比	—	—	—	—	0.0365 （0.46）	0.0461 （0.580）
政府公共财政支出	—	—	—	—	—	−0.033 1 （−1.04）
常数项	7.650*** （111.24）	6.167*** （13.14）	6.463*** （9.96）	6.552*** （8.46）	6.352*** （6.29）	6.307*** （5.21）
样本容量	310	310	310	310	310	310

注：基于 Stata 15.0 得到，括号内数值为 t 值，***p<0.01，**p<0.05，*p<0.1。

（一）城乡异质性

城乡异质性检验的回归结果如表 7.3 所示。

从农村和城镇的总样本回归来看，通过 OLS 回归，我们可以知道互联网对农村的公共服务消费和城镇的公共服务消费的影响都是显著的。其中，互联网每提高一个单位，农村公共服务消费提高 0.417 个单位，城镇公共服务消费提高 0.286 个单位。通过 IV-2SLS 回归，互联网对农村和城镇的公共服务消费同样都是显著的。其中，互联网每提高一个单位，农村公共服务消费提高 0.617 个单位，城镇公共服务消费提高 0.388 个单位。这说明互联网普及率对农村公共服务消费的提高存在更强的边际效应。但也进一步发现，公共服务消费量的增加主要是通过城镇化率水平的提升来实现的。

表 7.3　城乡异质性检验的回归结果

被解释变量	公共服务消费量（ln *psc*）		农村公共服务消费量（ln *rpsc*）		城镇公共服务消费量（ln *upsc*）	
回归方法	OLS	IV-2SLS	OLS	IV-2SLS	OLS	IV-2SLS
常数项	3.212*** （8.19）	3.283*** （11.05）	0.730 （1.04）	0.733 （0.99）	3.313*** （9.24）	3.414*** （9.43）
互联网普及率	0.333*** （14.35）	0.467*** （16.14）	—	—	—	—
农村互联网普及率	—	—	0.417*** （10.07）	0.617*** （11.74）	—	—
城镇互联网普及率	—	—	—	—	0.286*** （13.49）	0.388*** （14.61）
城镇化率	0.742*** （8.42）	0.574*** （6.16）	0.447** （2.61）	0.081 4 （0.42）	0.756*** （9.37）	0.619*** （7.24）
人力资本指数	0.006 （0.05）	0.120 （0.89）	0.733** （3.01）	1.04*** （3.94）	−0.116 （−0.96）	−0.019 （−0.16）
出生率	−0.016 8 （−0.29）	−0.09 2 （−1.61）	−0.047 （−0.47）	−0.156 （−1.48）	0.041 7 （0.80）	−0.011 （−0.21）
抚养比	0.172* （1.99）	0.225* （2.57）	0.231 （1.48）	0.432** （2.61）	0.138 （1.74）	0.159* （1.98）
政府公共服务财政支出	0.133*** （8.08）	0.111*** （6.58）	0.196*** （6.65）	0.149*** （4.71）	0.117*** （7.78）	0.102*** （6.57）
样本量	310	279	310	279	310	279

注：基于 Stata 15.0 得到，括号内的数值为 t 值，$***p<0.01$，$**p<0.05$，$*p<0.1$。

（二）行业异质性

为验证互联网对不同公共服务行业消费的影响效应，我们从交通通信、文教娱乐、医疗养老三个类型来进行回归，其结果如表 7.4 所示。

从回归结果来看，对于交通通信消费，无论通过 OLS 回归还是 IV-2SLS 回归都是显著的。其显著效应是：互联网普及率每提高一个单位，交通通信消费上升 0.529 个单位，仅次于城镇化进程的效应，由此我们可知互联网普及率对交通通信消费具有显著的促进作用。对于文教娱乐消费，无论通过 OLS 回归还是 IV-2SLS 回归，其回归结果都是显著的。其显著效应是：互联网普及率每提高一个单位，文教娱乐消费上升 0.364 个单位，仅次于城镇化进程的效应，由此我们可知互联网普及率对文教娱乐的消费具有显著的促进作用。对于医疗养老消费，无论通过 OLS 回归还是 IV-2SLS 回归，其回归结果都是显著的。其显著效应是：互联网普及率每提高一个单位，医疗养老消费上升 0.488 个单位，仅次于人力资本水平的效应，由此我们可知互联网普及率对医疗养老具有显著的促进作用。此外，我们发现互联网普及率对这三种公共服务消费的效应大小为交通通信消费 > 医疗养老消费 > 文教娱乐消费。

表 7.4　行业异质性检验的回归结果

样本	交通通信消费		文教娱乐消费		医疗养老消费	
回归方法	OLS	IV-2SLS	OLS	IV-2SLS	OLS	IV-2SLS
互联网普及率	0.367*** (10.27)	0.529*** (12.10)	0.232*** (9.04)	0.364*** (11.06)	0.376*** (11.51)	0.488*** (11.87)
城镇化率	1.146*** (9.83)	0.922*** (7.48)	0.887*** (8.45)	0.735*** (6.53)	−0.116 (−0.95)	−0.258 (−1.94)
人力资本指数	−0.626*** (−3.85)	−0.489** (−2.94)	0.230 (1.43)	0.318 (1.67)	1.314*** (7.01)	1.439*** (7.29)
抚养比	0.176* (2.43)	0.080 (1.09)	0.358*** (3.45)	0.385*** (3.36)	0.103 (0.84)	0.22 (1.72)
出生率	0.172 (1.60)	0.229* (2.10)	−0.043 (−0.64)	−0.098 (−1.33)	−0.324*** (−4.06)	−0.417*** (−5.03)
交通通信财政支出	0.114*** (6.01)	0.086*** (4.31)	—	—	—	—
文教娱乐财政支出	—	—	0.164*** (8.54)	0.147*** (7.02)	—	—
医疗养老财政支出	—	—	—	—	0.061 9** (2.87))	0.040 (1.78)
常数项	1.836*** (3.71)	2.00*** (4.01)	0.715 (1.51)	0.788 (1.46)	3.719*** (6.80)	3.531*** (6.16)
样本量	310	279	310	279	310	279

注：基于 Stata 15.0 得到，括号内的数值为 t 值，***p<0.01，**p<0.05，*p<0.1。

三、实现机制检验

上文的实证检验都发现了城镇化率和人力资本指数对公共服务消费具有更高的促进效应，为了进一步验证“互联网 +”背景下公共服务消费升级的实现路径，下文将在模型中加入互联网普及率与城镇化率和人力资本指数的交叉项（LNINER_LNURB）进行回归。其结果如下表 7.5 和 7.6 所示。

表 7.5　加入互联网普及率与城镇化率交叉项

	总样本	东部沿海地区	中部地区	东北老工业基地	西部地区
互联网普及率	0.372***	0.135***	0.262***	0.242	0.422*
	（5.01）	（5.84）	（3.44）	（0.80）	（2.13）
城镇化率	0.138**	0.471*	0.111	0.279*	0.089 4*
	（3.92）	（2.32）	（1.32）	（1.79）	（2.31）
交叉项	0.279***	0.343***	0.221**	0.197	0.322**
	（6.68）	（6.24）	（3.23）	（0.93）	（2.66）
人力资本指数	0.136*	0.25	0.389**	3.09	−0.276
	（3.59）	（1.02）	（2.51）	（1.39）	（−1.10）
抚养比	0.729***	0.491***	0.353	1.458***	0.069 7
	（6.63）	（4.34）	（0.60）	（5.81）	（0.28）
出生率	−0.164*	−0.187*	−0.138*	0.133	0.213
	（−3.57）	（−2.84）	（−3.32）	（0.27）	（1.25）
财政支出	0.145***	0.304***	0.28	0.195	0.164**
	（3.97）	（4.83）	（1.9）	（1.59）	（3.14）
常数项	3.585***	2.864**	8.331	11.47	6.006***
	（4.95）	（2.88）	（1.84）	（0.80）	（5.66）
样本量	310	100	60	30	120

注：基于 Stata 15.0 得到，括号内的数值为 t 值，***p<0.01，**p<0.05，*p<0.1。

从表 7.5 可知，交叉项的回归系数为正，这说明互联网普及确实会通过城镇化途径促进公共服务消费。这与我们前面的理论阐释和影响机制在逻辑上是一致的，其合理性得到验证，也与我们的预期相吻合。

从表 7.6 可知，交叉项的回归系数为正，这说明互联网普及确实会通过人力资本途径来促进公共服务消费。这与我们前面的理论阐释和影响机制在逻辑上是一致的，其合理性得到验证，也与我们的预期相吻合。

表 7.6　加入互联网普及率与人力资本指数交叉项

被解释变量	公共服务消费	交通通信消费	文教娱乐消费	养老医疗消费
互联网普及率	0.412** （4.83）	0.512* （2.45）	0.372*** （2.68）	0.442* （3.80）
人力资本指数	0.117** （3.02）	0.211* （2.52）	0.278* （2.42）	0.069 （0.20）
交叉项	0.419*** （3.5）	0.569*** （3.09）	0.362** （2.23）	0.215* （2.93）
城镇化率	0.815* （6.02）	0.754*** （6.54）	0.489** （6.10）	0.715** （2.39）
抚养比	0.625*** （4.50）	0.700*** （3.98）	0.543** （3.08）	0.631*** （4.54）
出生率	−0.446*** （−4.06）	−0.525* （−4.24）	−0.491** （−3.66）	0.246* （2.03）
财政支出	0.125*** （3.57）	0.029 （0.83）	0.104 （1.42）	0.376*** （5.06）
常数项	0.255 （0.26）	0.473 （0.24）	−1.794*** （−3.84）	0.034 （0.61）
样本量	310	310	310	310

注：基于 Stata 15.0 得到，括号内的数值为 t 值，***p<0.01，**p<0.05，*p<0.1。

第五节　稳健性检验与内生性检验

一、稳健性检验

（一）结论的稳健性检验

为了验证回归结论的稳健性，本小节通过替代解释变量来重新进行回归。基准回归结果采用的是互联网使用人数作为代表互联网普及率的变量，本小节通过使用移动互联网用户数来重新进行总样本回归（见表 7.7）。

表 7.7　用互联网使用人数对数替代回归

样本	公共服务消费	交通通信消费	文教娱乐消费	养老医疗消费
互联网普及率	0.368*** （9.4）	0.369*** （6.16）	0.326*** （7.66）	0.303*** （6.94）
城镇化率	0.567*** （3.18）	0.538* （1.77）	0.999*** （3.58）	−0.053 （−0.53）
人力资本指数	0.347*** （3.2）	0.461 （1.46）	−0.053 （−1.67）	0.633** （2.38）
抚养比	0.355*** （4.03）	0.382** （2.74）	0.344** （2.86）	0.481*** （6.61）
出生率	−0.315*** （−3.82）	−0.433*** （−4.37）	−0.324** （−3.16）	−0.091 （−0.51）
财政支出	0.023 （0.52）	—	—	—
交通通信财政支出	—	0.046* （1.76）	—	—
文教娱乐财政支出	—	—	0.147*** （−7.02）	—
医疗养老财政支出	—	—	—	0.168** （2.55）
常数项	—	2.004*** （3.46）	0.788 （1.46）	3.531*** （6.20）
样本量	310	310	310	310

注：基于 Stata 15.0 得到，括号内的数值为 t 值，***$p<0.01$，**$p<0.05$，*$p<0.1$。

表 7.7 结果显示，在影响公共服务消费的作用上，用移动互联网用户数作为主要解释变量和用互联网使用率的结果是一致的，均能促进公共服务消费。对于不同的消费类型，回归的结果与前期基本回归的结果也是基本一致的。

本章对于模型进行了 OLS 和 IV-2SLS 回归，但如果存在异方差，则 OLS 并不是最有效率的。为了得到异方差稳健的豪斯曼检验，我们采用自助法。运行结果如表 7.8 所示。

表 7.8　自助法检验结果

	观测值	自抽样	z 值	p 值	正态分布
	系数	标准误差			95% 显著水平的置信区间
互联网普及率	−0.200 945 4	0.043 794 7	−4.59	0.000	[−0.286 781 4, −0.115 109 5]
城镇化率	0.341 079	0.116 311 2	2.93	0.003	[0.113 113 2, 0.569 044 9]
人力资本指数	0.225 341 5	0.162 012 6	1.39	0.164	[−0.092 197 4, 0.542 880 4]
抚养比	0.432 153 8	0.096 459 7	4.48	0.000	[0.243 096 2, 0.621 211 4]
出生率	−0.066 410 8	0.067 601	−0.98	0.326	[−0.198 906 2, 0.066 084 7]
财政支出	0.065 000 7	0.031 880 1	2.04	0.041	[0.002 516 8, 0.127 484 5]
常数项	−2.928 082	0.449 104 5	−6.52	0.000	[−3.808 311, −2.047 854]

注：基于 Stata 15.0 得到。

由表 7.8 可知所有解释变量在 1% 的显著性水平下拒绝“所有解释变量均为外生变量”的原假设，因此，本章的结论是比较稳健的。

（二）**模型设定的稳健性检验**

为了检验模型设定的稳健性，还需要分析互联网普及率系数的估计可能受到遗漏变量影响而产生的偏误。对于模型设定的稳健性检验可以通过以下的方法：加入互联网普及率滞后一期来控制其滞后影响，一方面可以检验模型设定的准确性，另一方面又可以检验本章中自变量滞后一期作为工具变量的有效性。检验结果如表 7.9 所列。

从表 7.9 的回归结果看，当期的公共服务消费量再加入互联网普及率滞后一期影响结果并不显著。此外，主要解释变量的估计值受到次变量的影响作用呈现很小的趋势，即并未影响该变量的显著性以及正向作用效果。换句话说，在加入互联网普及率滞后一期并不会影响互联网普及对公共服务消费存在促进作用的结论，所以我们认为原模型设定是正确的。另外，用主要解释变量的滞后一期作为工具变量是满足外生性的假设条件的处理方法是合理的。更进一步分析，在加入这个可能性的遗漏变量之后结论依然呈现稳健的结果。综上可知，虽然我们知道所有的变量并未被模型完全控制住，但该模型仍然具有较大的合理性的设计，也就是说虽然可能存在的遗漏变量但并不会造成主要解释变量的估计形成重大偏差。总而言之，本章有着比较稳健的结论。

表 7.9　模型设定的检验

	总样本	东部沿海地区	中部地区	东北老工业基地	西部地区
互联网普及率	0.288*** （5.79）	0.186** （2.63）	0.218* （3.19）	0.119*** （2.78）	0.316*** （4.03）
滞后项	0.0463 （0.83）	−0.0651 （−0.62）	0.193 （1.28）	—	−0.0137 （−0.18）
城镇化率	0.818*** （6.24）	1.133*** （5.16）	1.044** （2.75）	−0.879 （−1.05）	0.885*** （5.78）
人力资本指数	0.115* （3.92）	0.550** （2.64）	0.483** （2.61）	1.607 （0.56）	0.007 11 （0.03）
抚养比	0.642*** （5.28）	0.405*** （4.44）	0.194 （0.39）	1.155*** （6.85）	0.11** （2.37）
出生率	−0.173** （−3.75）	−0.146* （−4.27）	0.266 （0.74）	0.136* （4.08）	0.105 （0.40）
财政支出	0.118** （2.99）	0.261*** （3.38）	0.310* （2.3）	−0.040 9 （−1.10）	0.119* （3.81）
常数项	1.087* （3.61）	−0.208 （−0.29）	−0.489 （−0.22）	3.501** （4.88）	2.876*** （3.38）
样本量	279	90	54	27	108

注：基于 Stata 15.0 得到，括号内的数值为 t 值，***$p<0.01$，**$p<0.05$，*$p<0.1$。

二、内生性检验

为了更深入地处理模型的内生性问题，本章采用广义矩阵估计法（GMM），引入电话使用人数的对数作为互联网普及率的工具变量。本章从模型外部新引入一个工具变量是因为文中所分析的互联网普及率与公共服务消费之间存在动态关系，即使是滞后变量也面临着内生性问题，并不能消除二者之间潜在的联立性偏误。经过计量检验，引入的工具变量电话使用人数的对数与扰动项不相关，同时不存在弱工具变量问题，即引入的工具变量是合理的。

根据表 7.10 的回归结果，Sargan 检验和 Arellano-Bond 检验的 p 值显示模型可以通过相关统计检验，这表明本章工具变量设定不存在严重偏误且模型扰动项无自相关。本章重点研究的互联网普及率这一变量的系数仍显著为正，这说明上文理论与实证分析所得的互联网普及与公共服务消费存在正向关系的结论是可靠的。

表 7.10　内生性问题的处理结果

变量	模型	t 值
互联网普及率	0.490***	10.94
城镇化率	0.489***	4.31
人力资本指数	0.199	1.32
出生率	−0.150*	−2.22
抚养比	0.312**	3.09
政府财政支出	0.064 6**	2.67
常数项	3.527***	8.76
Sargan 检验	0.009	
AR(1)	0	
AR(2)	0.691	
样本数	279	
估计方法	GMM	

注：基于 Stata 15.0 得到，括号内的数值为 t 值，***p<0.01，**p<0.05，*p<0.1；模型具体设定 lag 为 2；Sargan 检验报告了 Sargan 检验的 p 值；AR（1）和 AR（2）分别报告了一阶和二阶序列相关检验的 p 值。

第六节　互联网普及率对公共服务消费影响的门槛效应

一、门槛效应检验

为了进一步验证互联网普及与公共服务消费之间的门槛效应，我们需要引入门槛模型。基于 Hansen 的门槛模型，将模型设定为如下：

$$\ln psc_{it}=\alpha_0+\alpha_1\ln int_{it}I(q\leqslant\gamma)+\alpha_2\ln int_{it}I(q>\gamma)+X_{it}+\varepsilon_{it} \tag{7.2}$$

式中，int 为互联网普及率的观测值；$I(.)$ 为显示函数；α_0、α_1、α_2 为回归系数；q 为门槛变量，即互联网普及率；γ 为门槛变量所对应的门槛值，其余变量同上，其统计结果如表 7.11。

表 7.11　互联网的门槛效应 BS 检验

模型	F	P	BS 次数	临界值		
				1%	2%	3%
单一门槛	25.931**	0.038	500	32.762	24.542	19.332
双重门槛	7.809	0.120	500	23.449	13.229	9.318
三重门槛	4.035	0.267	300	23.358	12.191	8.539

注：基于 Stata 15.0 得到。

由表 7.11 可知，互联网普及率对公共服务消费的单门槛效应极为显著（$p<0.05$），双重门槛效应不显著（$p>0.1$），三重门槛效应同样不显著（$p>0.1$）。确定了互联网普及率影响公共服务消费的效应研究适用于单一门槛模型。

从表 7.12 中可以看出，互联网普及率影响公共服务消费的门槛值为 44.11%。同时，从图 7.2 的曲线图中也可以清楚地看出，互联网普及率影响公共服务消费的门槛值在 5% 的显著水平下十分显著（最低点在虚线下方）。

表 7.12　单一门槛估计值及其置信区间

单一门槛模型	门槛估计值	95% 置信区间
单一门槛值	0.441 1	[0.433, 0.448]

注：基于 Stata 15.0 得到。

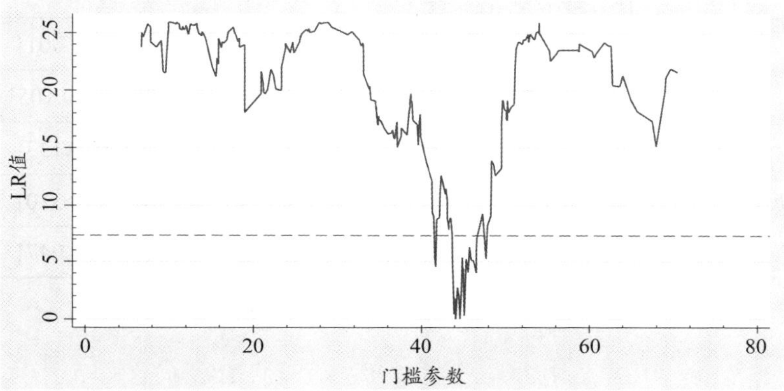

图 7.2　互联网普及率的门槛值估计图

二、门槛回归结果

计算出门槛值后，进而得到单一门槛模型。从表 7.13 中可以看出，除了政府财政支出外，其余变量都是显著的。其中，城镇化水平、人力资本、抚养比水平对公共服务消费有正向的影响，而出生率对公共服务消费有负向的影响。核心解释变量互联网普及率对公共服务消费存在单一门槛效应：当互联网普及率≤ 44.11% 时，互联网普及率对公共服务消费的影响系数为 0.090，意味着在此条件下互联网技术水平每提高 1 个单位，公共服务消费增加 0.090 个单位。当互联网普及率＞ 44.11% 时，互联网技术水平对公共服务消费的影响系数为 0.213，即互联网技术水平每提高 1 个单位，公共服务消费增加 0.213 个单位。

表 7.13　互联网普及率单门槛模型的回归结果

变量	系数	标准差	*P*	95% 置信区间
城镇化率	1.820	0.129	0.000	[0.265, 0.429]
人力资本指数	0.282	0.160	0.080	[−0.276, 0.191]
抚养比	0.572	0.075	0.000	[0.061, 0.285]
财政支出	0.036	0.029	0.221	[−0.047, 0.001]
出生率	−0.452	0.076	0.000	[−0.022, −0.105]
滞后项	0.090	0.112	0.000	[−0.309, 0.133]
互联网普及率	0.213	0.081	0.000	[−0.009, 0.310]
常数项	−0.924	0.493	0.062	[−1.894, 0.047]

注：基于 Stata 15.0 得到。

第七节　加强互联网基础设施建设的政策启示

第一，重视互联网基础设施建设，进一步提高互联网普及率。根据前文的理论研究发现基础设施的完善是促进互联网扩散的重要影响因素。目前，互联网的应用已经深入生活的各个方面，人们在互联网进行信息采集、储存和运行以及越来越多的信息服务依靠互联网实现，因此健全的互联网基础设施是保证互联网平衡发展以及承受全社会对互联网高度依赖的重要因素。同时，需要政府对互联网的发展进行监管。随着互联网的不断渗透，信息平台逐渐成为与越来越多用户相关的有形或无形资产。因此，互联网及其催生的多样化分享平台应纳入国家制度化的监管保护体系。各级政府不仅需要加快制定互联网应用相关的法律法规来保障互联网用户权益和互联网设施的正常运营及安全运行，还需鼓励平台商通过完善的技术措施来保证消费者的信息安全，即规制互联网经营者行为。

第二，加快互联网发展速度同时兼顾城乡平衡发展。经济水平不同的地区互联网技术的发展速度也不同。通过实证检验我们可以发现，不同的互联网普及率对城乡公共服务消费的影响效应存在差异，盲目追求互联网的扩散速度不仅会导致资源的浪费，还会阻碍经济的发展。中国作为中等城市化水平的国家，互联网水平与国家的城市化水平仍然存在较大的差异，因此不能仅仅追求互联网技术发展的速度，还需兼顾落后地区互联网技术的基础设施建立，从而提高落后地区的公共服务消费水平，兼顾城乡间的平衡发展，这是实施乡村振兴战略的重点工作。

第三，进一步提升城镇化的水平和质量。本章的理论研究发现城镇化内生互联网普及率的提高，互联网作为城镇化的重要基础设施保障，将提升城镇的公共服务供给质量，降低公共服务消费的成本，增加公共服务消费效率。本章的实证检验也进一步证明了互联网普及和城镇化的深度融合将显著促进公共服务消费升级。因此，要依靠互联网技术创新来进一步增强现有城市的智能化水平，在新的城镇化进程中，要优先考虑先进互联网技术，特别是人工智能的选用。

第四，普及信息技术教育，提升人力资本水平。大数据时代或者人工智能时代，信息技术能力是人力资本的基本组成部分。未来的生活也是智能化的生活，只有熟悉各种智能软硬件操作的人才能享受到更好的公共消费服务。因此，必须普及信息技术教育，把接受充分的信息技术教育作为提升人力资本的重要途径，特别是在相对落后的乡村地区，更应该把普及信息技术教育作为乡村振兴战略的重要内容。

本章小结

互联网普及率对促进公共服务消费升级具有显著的正效应，但互联网普及率促进公共服务消费升级也具有单一的门槛效应。我国目前的互联网普及率均值为35.42%，当互联网普及率超过44.11%时，对公共服务消费影响的边际效应将提升到0.213，较目前的0.144将提升47.92%。在“互联网+”背景下，虽然互联网普及率对农村公共服务消费具有更高的边际效应，但目前公共服务消费升级主要还是通过城镇化率和人力资本提升来实现的，且人口出生率的提高进一步加剧了公共服务消费的“拥堵效应”。

前期的理论研究和实证检验基本证实了分享经济或互联网技术对促进服务消费升级具有显著的正向效应。但分享经济模式或基于互联网技术基础的分享平台要健康发展，则需要有基本的政策激励和产业规制以确保新业态健康发展。所以，接下来两章重点阐释分享平台的产业安全规制和分享经济健康运行的政策保障机制。

第八章　基于演化博弈的双边平台服务消费安全规制研究

第一节　引　　言

近年来，分享经济依托的双边平台市场对提升经济运行效率、合理配置资源等方面起到日趋重要的作用。但作为一种新的经济业态，双边平台的运行存在诸多安全问题。为此，2019 年 8 月国务院办公室出台了《关于促进平台经济规范健康发展的指导意见》，要求落实和完善包容审慎监管要求。平台经济是基于移动互联网平台进行交易或消费的一种新经济业态，分享经济则是平台经济的一种具体运行模式（Frenken et al.，2019）。平台经济的运行机制是用户在双边平台上进行供需匹配、交易时会使平台商获得大量的交易信息和个人信息，因此，数据信息所有权、使用权等产权的归属，消费者隐私安全以及生命财产安全成为双边平台发展无法回避的问题。例如，滴滴顺风车出现的多起安全事故，使得人们对于分享经济这种新型双边平台服务消费模式的前景充满质疑；在网上订房中，实际的房型与照片存在较大差距，许多住房设备陈旧，存在安全风险却依然能够在双边平台上租用，甚至有的平台并不需要登记并核实身份信息，一旦出现安全问题，将对消费者造成严重影响。平台服务消费中的安全问题源于交易双方的信息不对称，信息不对称条件下服务提供商便容易进行质量欺诈，严重的信息不对称甚至可能导致阿克洛夫式的市场“崩溃”（高广波，2017；Bergh et al.，2019）。因此，解决信息不对称问题是政府规制双边平台的重要抓手。安全信息不对称现象极大地增加了用户主体获取完全安全信息的成本与事故发生的概率，对服务消费安全形成巨大隐患和威胁，亟须政府建立有效的干预和管理机制，以解决安全信息不对称问题。在双边平台服务消费安全规制中（吴超 等，2019），政府出于公共职能考虑，可选择对平台商进行监管还是不监管；平台商具有机会主义行为，对服务消费者选择公开或者隐瞒服务消费信息。两类博弈主体行为都会影响到双边平台的服务消费安全以及平台经济的健康发展。面对平台经济领域中广泛存在的安全信息不对称问题，政府的传统规制策略应该如何改变以及如何引导双边平台规范运行，这是平台经济健康发展亟须解决的现实问题。

政府应该如何对双边平台进行规制，学者已经有了一定的研究成果。从政府对双边平台管制的角度来看，平台商存在发布虚假信息，信息低俗化，原创不足、严重侵权，去中心化趋势明显等问题（尚杰，2016）。为促进我国平台经济健康有序发展，政府需创新监管理念，坚持底线思维；制定相应的适用法规和基本服务标准，鼓励通过市场机制解决分享中的风险问题（刘奕 等，2016）。政府规制需要建立相应的外生秩序和平台自我监管的内生秩序，要求监管模式兼具灵活性、适应性和地方性特征，并在发展过程中平衡监管和创新、管制和独立、经济发展和消费者保护之间的关系（吴晓隽 等，2016）。发挥社会公众的质询和监督权可有效约束政企合谋行为（刘长玉 等，2015）。这些文献对于研究双边平台如何监管还需要进一步细化。消费者在分享平台中主要消费的不是具体产品，而是服务，如打车服务、租房服务。显然服务质量是消费者参与双边平台的重要影响因素。服务质量中消费者最为关注的是消费安全，而消费安全问题源于安全信息不对称。

针对双边平台出现的信息不对称问题，亟须政府监管部门出台相关的法律法规和实施细则，对平台运行进行合理的引导和规范。因此本章构建平台商与政府策略选择的演化博弈模型，对博弈双方的策略稳定点及其演化过程进行分析，探究服务消费质量安全的选择机制，并为政府如何对平台进行服务消费安全规制提供相应对策。这些研究结论和对策建议对于引导平台经济健康有序发展具有积极的指导性意义。

第二节　双边平台与政府规制演化博弈分析

平台经济所独特的市场使得买方、卖方和平台商具有复杂的行为关系和博弈策略，平台经济产生和发展使得传统市场的交易机会、利润来源及分配格局重新构建，传统的市场结构、运营模式和治理机制受到极大冲击（符平 等，2019）。只有在政府主导或者引导下的市场化改革，才能促进我国平台经济快速发展（陈兵，2019）。降低或者杜绝信息不对称问题的出现，能够有效阻止市场经济活动中逆向选择和道德风险问题（宋洋 等，2019）。在双边平台市场中如何进行安全规制是下文模型中所要讨论的内容，双边平台的市场势力很大程度上造成了用户与双边平台信息不对称问题，继而发生了诸如网约车安全等问题。用户无法完全了解所消费服务的详细情况，对自身可能遭遇的风险没有充分的认知。种种问题制约了双边平台的发展，也为政府管理平台提出了挑战。演化博弈理论正式诞生于 1973 年（Smith et al.，1973），随后被运用于群体性事件处置研究分析（郑君君 等，2015）、企业集聚创新模式发展（于斌斌 等，2015）和食品安全监管机制研究（张国兴 等，2015）等多个学科领域。用户和双边平台在分享经济中的决策行为可以使用演化博弈理论来分析和模拟（王洪利，2018）。

一、平台商与政府的博弈机理分析及模型构建

本部分研究如同目前大多数学者一样利用完全理性和相对静态前提下的 Nash 均衡分析信息不对称问题，并对政府和平台商的行为选择进行分析。

模型假设如下：

（1）假设市场中双边平台提供服务，并且平台商选择是否为这种服务提供安全信息，政府对双边平台商可以选择合理规制也可以不进行规制。政府选择规制的概率为 x，选择不进行规制的概率为 $1-x$。

（2）假设双边平台商提供服务安全信息，获得的收益为 Q，需要付出相应成本为 m，同时获得政府的政策性补贴和奖励，系数为 a，则获得的补贴性收益为 am。双边平台不提供安全信息，则获得的收益为 P，同时由于未响应政府主张，受到政府惩罚、规章限制以及社会不良信誉等方面的损失为 S。平台选择不提供安全信息的概率为 y，选择提供安全信息的概率为 $1-y$。

（3）假设政府选择规制双边平台，由于公共安全保障提高以及消费者效用提高，政府获得好评，政府收益为 V，同时付出监管成本为 N。政府不对双边平台进行规制，其获得收益为 0，其造成的公共安全损失和声誉损失为 L。

因为我们可以得出平台与用户的演化博弈矩阵，见表 8.1。

表 8.1　双边平台用户与平台商演化博弈

		双边平台	
		安全信息不提供 y	安全信息提供 $1-y$
政府	安全规制 x	$V-N+S$，$P-S$	$V-N$，$Q-m+am$
	不安全规制 $1-x$	$-L$，P	0，$Q-m+am$

对于政府而言，选择安全规制期望收益 U_{11} 为：

$$U_{11}=(V-N+S)y+(V-N)(1-y)$$

$$U_{11}=Sy+V-N \tag{8.1}$$

当政府选择不进行安全规制期望收益 U_{12} 为：

$$U_{12} = -Ly + 0(1-y) = -Ly \tag{8.2}$$

那么平台获得的平均收益为 U_1：

$$U_1 = xU_{11} + (1-x)U_{12} = x(Sy + V - N) - (1-x)Ly \tag{8.3}$$

根据式（8.1）至式（8.3）可以得到政府安全规制的复制动态方程为：

$$U(x) = (U_{11} - U_1)x = x(1-x)(Sy + V - N + Ly) \tag{8.4}$$

对于平台而言，平台不提供服务安全信息的期望收益 U_{21} 为：

$$U_{21} = (P - S) \cdot x + P \cdot (1 - x) = P - Sx \tag{8.5}$$

提供服务安全信息的期望收益 U_{22} 为：

$$U_{22} = (Q - m + \alpha m) \cdot x + (Q - m + \alpha m) \cdot (1 - x) = \alpha m + Q - m \tag{8.6}$$

那么用户获得的平均收益为 U_2：

$$U_2 = U_{21} \cdot y + U_{22} \cdot (1 - y) \tag{8.7}$$

根据式（8.5）至式（8.7）可以参与双边平台的用户的复制动态方程为：

$$U(y) = (U_{21} - U_2) \cdot y = y(1 - y)(-Sx - \alpha m + P - Q + m) \tag{8.8}$$

二、演化博弈模型稳定性分析

联立两个复制动态方程，可知：

$$\begin{cases} U(x) = (U_{11} - U_1)x = x(\ \ - x)(Sy + V - N + Ly) \\ U(y) = (U_{21} - U_2) \cdot y = y(\ \ - y)(-Sx - am + P - Q + m) \end{cases} \tag{8.9}$$

求解改得该复制动态方程的解一共有五个平衡点，分别为：(0, 0)、(0, 1)、(1, 1)、(1, 0)、$\left(\dfrac{P - am - Q + m}{S}, \dfrac{N - V}{S + L}\right)$。

其中，点 (0, 0) 表示政府不进行规制，双边平台提供服务安全信息，即(不规制，提供)；点 (0, 1) 表示政府不进行规制，平台不提供服务安全信息，即(不规制，不提供)；点 (1, 1) 表示政府规制，双边平台不提供服务安全信息，即(规制，不提供)；点 (1, 0) 表示政府对平台进行规制，双边平台提供服务安全信息，即(规制，提供供)；点 $\left(\dfrac{P-am-Q+m}{S},\dfrac{N-V}{S+L}\right)$ 表示策略选择的临界状态。

对于这些均衡解，我们可以进行稳定性检验，博弈要达到一个稳定的均衡状态，那么要求 $\dfrac{\mathrm{d}U(x)}{\mathrm{d}x}<0;\dfrac{\mathrm{d}U(y)}{\mathrm{d}y}<0$ 。

对于政府规制而言，我们对式(8.4)进行求导得到：

$$\frac{\mathrm{d}U(x)}{\mathrm{d}x}=x(1-2x)\left[(S+L)y+V-N\right] \tag{8.10}$$

当 $y=(N-V)/(S+L)$，则 $\dfrac{\mathrm{d}U(x)}{\mathrm{d}x}\equiv 0$，此时任何平衡点都是均衡点。

当 $y\neq(N-V)/(S+L)$，存在 $x=0$ 和 $x=1$ 为两个稳定点，此时分情况讨论：

(1) 当 $(N-V)/(S+L)>1$ 时，恒有 $\dfrac{\mathrm{d}U(x)}{\mathrm{d}x}\bigg|_{x=0}<0;\dfrac{\mathrm{d}U(x)}{\mathrm{d}x}\bigg|_{x=1}>0$，此时 $x=0$ 是均衡点；

(2) 当 $0<(N-V)/(S+L)<1$ 时，我们还需要分两种情况，即：

① $y>(N-V)/(S+L)$ 时，$\dfrac{\mathrm{d}U(x)}{\mathrm{d}x}\bigg|_{x=0}>0;\dfrac{\mathrm{d}U(x)}{\mathrm{d}x}\bigg|_{x=1}<0$，此时 $x=1$ 是均衡点；

② $y<(N-V)/(S+L)$ 时，$\dfrac{\mathrm{d}U(x)}{\mathrm{d}x}\bigg|_{x=0}<0;\dfrac{\mathrm{d}U(x)}{\mathrm{d}x}\bigg|_{x=1}>0$，此时 $x=0$ 是均衡点。

对于双边平台提供服务安全信息而言，我们对式(8.8)进行求导得到：

$$\frac{\mathrm{d}U(y)}{\mathrm{d}y}=(2y-1)\left[Sx-(P-Q-am+m)\right] \tag{8.11}$$

当 $x=(P+m-Q-am)/S,\dfrac{\mathrm{d}U(y)}{\mathrm{d}y}\equiv 0$，此时任何平衡点都是均衡点。

当 $(P+m-Q-am)/S<0$，$\dfrac{\mathrm{d}U(y)}{\mathrm{d}x}\bigg|_{y=0}<0;\dfrac{\mathrm{d}U(y)}{\mathrm{d}x}\bigg|_{y=1}>0$，$y=0$ 是均衡点。

当 $x\neq 0<(P+m-Q-am)/S<1$，$U(y)=0$ 存在 $y=0$ 和 $y=1$ 为两个稳定点，此时分情况讨论：

（1）当 $(P+m-Q-am)/S>1$，恒有 $\left.\frac{\mathrm{d}U(y)}{\mathrm{d}x}\right|_{y=0}>0;\left.\frac{\mathrm{d}U(y)}{\mathrm{d}x}\right|_{y=1}<0$，此时 $y=1$ 是均衡点。

(2) 当 $0<(P+m-Q-am)/S<1$，同上分两种情况讨论：

① $x>(P+m-Q-am)/S$，$\left.\frac{\mathrm{d}U(y)}{\mathrm{d}x}\right|_{y=0}<0;\left.\frac{\mathrm{d}U(y)}{\mathrm{d}x}\right|_{y=1}>0$，$y=0$ 是均衡点；

② $x<(P+m-Q-am)/S$，$\left.\frac{\mathrm{d}U(y)}{\mathrm{d}x}\right|_{y=0}>0;\left.\frac{\mathrm{d}U(y)}{\mathrm{d}x}\right|_{y=1}<0$，$y=1$ 是均衡点。

第三节　演化博弈模拟情境的仿真分析

上述演化博弈模型中，只有让平台商提供相应的信息供给服务，同时用户参与到平台消费中，这种均衡才具有分享经济实际关注的现实意义。因此，(1,0) 即 (规制，提供) 稳定点最具分析价值。下面通过仿真模拟分析系统存在 (规制，提供) 稳定点的两种情况，以便直观展示供需双方的演化博弈过程。下面对文中假设的参数进行赋值，赋值数据是结合实际和各方面综合考虑得出的。$\frac{N-V}{S+L}=K_1;\frac{P+m-Q-am}{S}=K_2$。令各赋值如表 8.1 所示。

当 $\frac{N-V}{S+L}>1$，即政府选择不进行安全规制，此时 $x=0$ 是均衡状态。政府选择安全规制的净收益是小于其不进行安全规制的净收益，政府通过安全规制惩罚不提供服务安全信息的双边平台所获得的利益负效用是大于其不监管所造成的声誉及社会损失的。这种情况出现的原因是双边平台出现的初期，政府对于双边平台的运行和如何进行管制都没有成熟的应对方法，往往盲目地进行限制，导致成本增加但收效一般。因此，政府需要从双边平台自身特点分析，创新规制方式，合理监管双边平台，确保双边平台正常运行、用户安全参与。此时双边平台存在两种情况：

表 8.1　行为主体的演化情景模拟

	决策情景			
	政府不对双边平台规制成本更低	双边平台不提供安全信息获得的收益更高	双边平台提供信息安全服务收益更高	政府和双边平台投入成本与获得收益差值较大
参数	$k_1>1$	$k_2>1$	$k_2<0$	$0<k_1<1;0<k_2<1$
Q	10	10	20	10
m	5	5	5	5
am	4.5	5	5	5
P	12	12	12	12
S	1	1	1	4
V	8	8	11	8
N	11	11	8	11
L	1	1	1	2
政府	$x(1-x)$	$x(1-x)$	$x(1-x)$	$x(1-x)$
	$2y-3$	$2y-3$	$2y+3$	$6y-3$
双边平台	$y(1-y)$	$y(1-y)$	$y(1-y)$	$y(1-y)$
	$x-2.5$	$x-2$	$x+8$	$4x-2$

（1）当 $\dfrac{P+m-Q-am}{S}<1$，双边平台提供服务安全信息获得收益大于其不提供安全信息的收益时，策略趋向于均衡（0, 0）即（不规制，提供）；当 $\dfrac{P+m-Q-am}{S}>1$，双边平台提供服务安全信息获得收益更小时，策略均衡趋向于（0, 1），即（不规制，不提供）。在不同初始状态下会出现部分双边平台选择提供安全服务信息而部分双边平台不提供服务安全信息的情况。概率 x 和概率 y 的趋势如图 8.2 所示。

（2）当 $\dfrac{P+m-Q-am}{S}>1$，双边平台选择不提供服务安全信息时，$y=1$ 是均衡状态。此时，双边平台选择提供服务安全信息所获得的收益及政府奖励补贴减去管理成本所获得的净收益小于其违背政府主张、不提供安全信息服务所获得的净收益。为了改变这种情况，政府一方面可以通过增加相应的惩罚措施限制双边平台，另一方面可以增加双边平台提供服务安全信息的成本补贴，促使双边平台响应政府主张，提供服务安全信息。同时，政府存在两种策略选择：①当$\frac{N-V}{S+L}>1$时，政府规制不提供服务安全信息的平台所获得的净收益小于其不选择规制平台所获得的净收益，策略演化趋向于(0, 1)，即(不规制，不提供)；②当$\frac{N-V}{S+L}<1$时，政府规制不提供服务安全信息的平台所获得的净收益大于其不选择规制平台所获得的净收益，博弈策略趋向于(1, 1)，即(规制，提供)。概率x和概率y的趋势如图8.3所示。

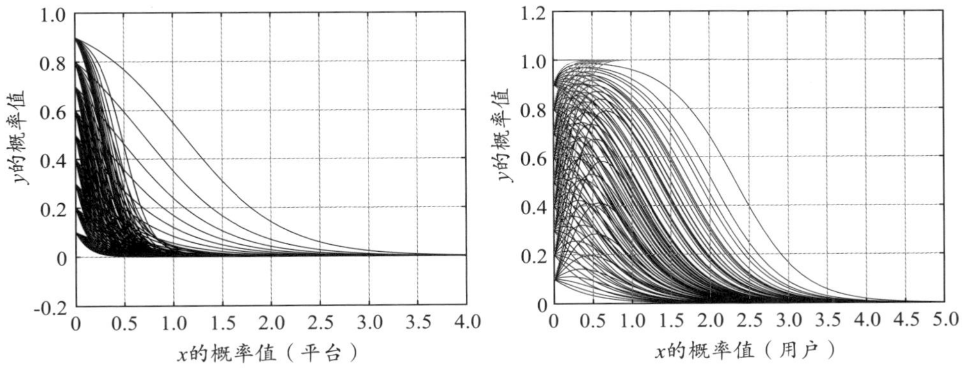

图8.2 情景模拟1下的平台和用户的演化过程

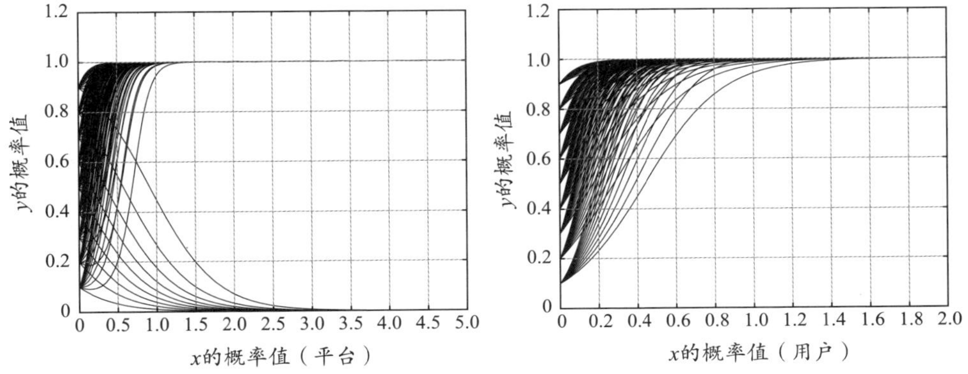

图8.3 情景模拟2下的平台和用户的演化过程

$\frac{P+m-Q-am}{S}<0$，即双边平台选择提供安全服务信息，均衡策略为 $y=0$。双边平台选择不提供服务安全信息获得的收益小于提供安全信息获得收益与花费管理成本的差值，此时，当政府采取规制措施并且对双边平台提供安全服务信息的奖励补贴补偿了双边平台的管理成本，实现了政府和双边平台收益双赢的局面，达到均衡状态 (1, 0)，即 (规制，提供)。政府可通过奖励补贴政策，加大政企合作力度，促进双边平台提供安全服务信息等手段获得正的公共安全收益，进一步加大补贴政策，形成稳定循环收益。概率 x 和概率 y 的趋势如图 8.4 所示。

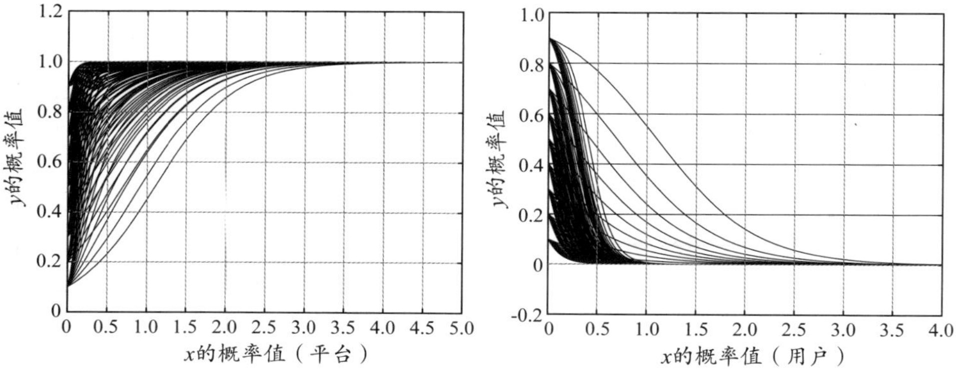

图 8.4　情景模拟 3 下的用户和平台的演化过程

当 $0<\frac{N-V}{S+L}<1, 0<\frac{P+m-Q-am}{S}<1$ 时，不存在稳定的均衡。政府规制所花费的成本与政府选择不进行规制所受的损失差值小于惩罚不提供服务安全信息双边平台所获得的收益。同时，双边平台商选择不提供服务安全信息获得收益与损失差值小于双边平台商选择提供服务安全信息得到的政府补贴与管理成本差值。此时，政府选择规制所带来的负面效应以及平台不提供服务安全信息的损失都较大，因此不存在稳定的均衡策略。概率 x 和概率 y 的趋势如图 8.5 所示。

综上所述，平台商选择提供服务安全信息会受到政府奖惩、投入的管理成本等因素的影响，可得出结论：第一，双边平台发展所带来的管理混乱和安全问题，需要政府对现有的规制措施进行创新，合理引导和规范双边平台发展；第二，对不支持政府规制的双边平台进行惩罚，对积极响应政府规制的双边平台进行财政补贴和奖励，补偿平台提供服务安全信息的部分成本；第三，促进双边平台和政府信息数据共享，减少政府规制和平台商提供服务安全信息的成本；第四，推动政企合作，共同治理双边平台运行中所出现的信息不对称问题，做到事前预警、事中监管以及事后奖惩等常态化管理。

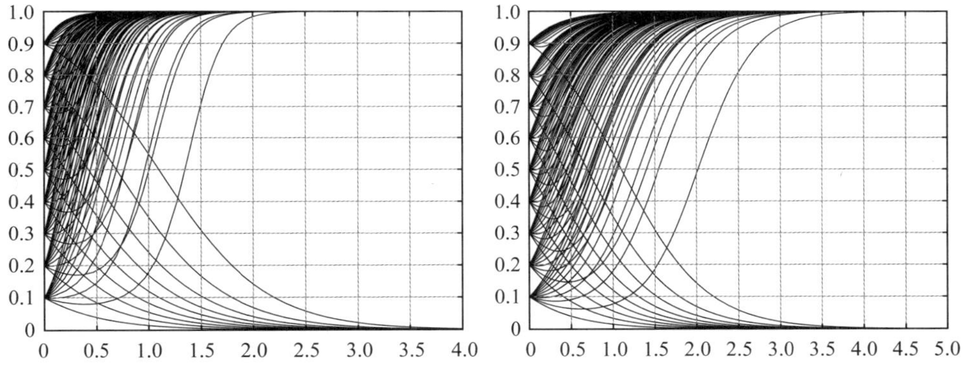

图 8.5　情景模拟 4 下的用户和平台的演化过程

第四节　强化分享平台安全规制的政策启示

第一，明确责任义务，推行多边治理。要安全规制双边平台，只靠政府自身力量是不够的，需要结合社会力量共同管理，建立合作关系，协同规制双边平台发展。政府部门负责制定平台商运行标准、把握和知悉平台市场运作形式、明确规定相关平台商提供相应的服务信息以及对平台运行结果进行评价估计，同时对分享经济发展中做得好的平台商进行政府补贴和奖励。平台商则负责具体实施政府相关政策并承担相应责任，以政企合作的形式来实现政府和企业信息共享，从而进一步发展为平台和消费者信息共享，加强三者直接消费服务安全信息共享，解决信息不对称问题。政府和企业的协同合作有助于政府建立行之有效的社会征信体系，也有利于分享经济的健康可持续发展。政府除了与平台商企业合作以外，还可以通过与学校、社会公益组织相互合作，合理利用共享数据，根据分享经济实际运行情况进行深入研究，得出具有针对性的双边平台安全规制路径。

第二，完善征信体系，减少机会主义行为。双边平台经济可以说是建立在陌生关系上的信用经济，建立平台和用户之间的信用机制是政府必不可少的规制路径之一。要在平台商和政府合作的基础上，实现政府和平台商有关用户的信息共享，对于双边平台服务供给方进行必要的身份认证，结合征信记录对其进行信用评级，成立专门机构对信用信息进行更新管理。面对注册用户出现的各种不良信用记录和违法失信行为做到如实记录和披露，监督和治理泄露、滥用注册用户个人身份信息等损害消费者权益的行为。通过信用激励和失信惩罚等措施从源头治理信息不对称问题，保障分享经济的健康发展。平台商需要对双边注册用户进行实名认证，结合背景资料和征信信息进行有效信用评级，以此加强信用审查力度，防止别有用心或威胁用户生命财产安全的不法分子进入。政府需要建立一个公平公正的第三方机构，对平台商及从业者进行专业的信用评级，同时为客户提供查询用户征信信息，帮助平台双方增强风险意识，保障双方合法权益，为消费者提供强而有力的信用保障。

第三，放宽市场准入，提升平台安全预警能力。政府制定相关奖惩政策，鼓励双边平台管理和运行模式创新，正确对待新事物，进一步放开准入限制，地方政府应该以开放包容的心态积极主动帮助双边平台商在地方发展，必要时提供一定的支持。在财政支出方面，可通过减少税收或者增加转移支付的方式给予遵从合约安全规制的平台商一定的激励，同时扶持具有发展前景的小型平台企业，解决其融资困难问题。地方政府还可以结合当地高校、科研院所对当地分享经济发展的安全规制效应进行经济评估，提出相应问题和解决方案，对遵从安全规制表现突出的平台商进行奖励。平台经济的安全运行离不开互联网的高效便捷，地方政府应该和当地通信部门全力合作，加强网络通信基础设施建设，增加双边平台与公安部门以及消费者直接亲属的安全报警接口，为平台经济健康发展提供信息技术支持。

第四，增强平台消费安全意识，强化安全保障机制。双边平台发展的基础是大量用户的积极参与，要实现平台经济健康可持续发展离不开对社会大众的安全宣传教育。政府应该强制平台型企业以多种形式对平台消费进行安全宣传警示教育，让众多消费者了解平台消费的运行模式和安全隐患。对平台商与消费者因信息不对称造成的道德风险和逆向选择问题，政府除了强化相应的规制措施，也应督促和鼓励双边平台的行业自律以及平台参与者自身行为自律，从自身做起，自觉维护平台经济健康发展，抵制双边平台消费中的违法违规行为，共同构筑平台消费的安全保障机制。

本章小结

本章着重探讨了分享平台的安全规制问题，以政府规制和双边平台商为博弈对象，运用演化博弈理论，构建了政府规制和双边平台商的行为选择博弈模型。由结果可知，双边平台商如果受到高的奖励补贴或政府惩罚有助于双边平台商提供服务安全信息，注重政企合作能有效降低政府监管成本和双边平台商提供安全信息的运行成本。因此，政府审慎监管和完善的征信体系有助于改善双边平台的消费环境，促进平台经济健康发展。

但对分享平台进行安全规制只是分享经济健康运行的一个重要方面，还需要从产业政策、税收政策等政策层面研究分享经济健康发展的运行机制设计。因此下一章重点聚焦于构建分享经济健康发展的运行机制。

第九章　促进分享经济健康发展的运行机制

第一节　引　言

前文已经论述分享经济的迅速成长及其对当今社会经济系统多方面的巨大影响。分享经济迅速成长的原因与追求更好的供应链价值分配、减少生态环境的影响、移动互联网技术进步、用户对产品所有权态度的改变以及社会联系需要等社会经济条件改变强烈相关（Cheng，2016）。分享经济作为一种新的商业模式，无论是产业界还是学术界，一开始就对这种新商业模式产生了争论。首先，这种新的商业模式对传统的相关产业发展带来了颠覆式影响。首先，网约车对传统出租车行业产生了很大冲击，民宿业也挤占了传统酒店行业的住宿市场份额。其次，分享经济作为新经济业态，其发展和监管不能完全适应现有的法律法规、产业政策和税收政策，因此给政府部门的监管带来困难（Boons et al.，2018）。最后，分享经济的发展表现出了较为严重的负外部性，如共享自行车的乱停乱放扰乱了城市管理秩序、网约车威胁消费者的人身财产安全等事件导致了社会不信任，不法互联网金融平台的资金诈骗也扰乱了金融市场秩序。分享经济的出现对相关产业的在位者带来了利益冲突，引起了在位者和进入者之间的利益重新调整和重新分配，也对政府监管部门的产业政策、市场准入和反垄断政策、财税政策、保险政策、知识产权保护政策和相关法律法规的适应性带来了重新调整的必要性。

但由于分享经济内在的本质特征和促进消费升级的积极作用，在全球范围内，这种新商业模式已经成为许多欧美发达国家和发展中国家经济的新增长点。从发展规模来看，根据矢野经济研究所调查报告显示，日本分享经济市场规模将从2015年的285亿日元（约17亿元人民币）增长到2020年的600亿日元（约35亿元人民币）；根据普华永道2015年的数据显示，2014年日本国内分享经济市场规模同比增长134.7%，2015年持续增长129%。2014年英国分享经济的市场规模是5亿英镑左右（约43亿元人民币），到2025年，规模将达到90亿英镑（约767亿元人民币）。2015年韩国分享经济规模达到了4 700亿韩元（约25亿元人民币），约4.25亿美元，占全球分享经济的2.8%；预计到2025年，韩国分享经济规模将达到84 900亿韩元（约447亿元人民币），约76.5亿美元。2015年，视力临界（Vision Critical）通过调查发现，澳大利亚居民中约61%的人群注意到了分享经济的存在，调查群体中43%涉及分享经济行为，如分享房屋、分享交通设施等。其中，53%的人员于2014年参与过分享经济活动。从经济体量来看，目前分享经济全球领先的是美国，估计为5 100亿美元，占美国GDP总量的3%。根据《中国共享经济发展年度报告（2018）》指出，我国2017年的分享经济市场交易额约为49 205亿元，比上年增长47.2%；预计未来5年的年增长率将超过30%。从业务范围来看，分享经济目前涉及的领域主要有知识教育、物流仓储、交通出行、房屋住宿、基础设施、城市建设、时间空间、医疗健康、金融借贷、私厨外卖、二手物品交易等。

分享经济在许多国家或者地区发展迅猛，虽然分享经济成长为提供商、消费者和服务平台创造了潜在的经济机会，但分享经济成长对第三方也具有负的外部性（Täuscher et al.，2017），特别是作为传统相关服务行业的替代者，其直接影响了这些服务行业的经营模式和提供商的经济收入。例如，房屋短期的分享租赁在一定程度上改变了居住小区的本来属性，陌生人的进出给小区的安全管理带来了隐患。因此，促进分享经济的健康发展需要良好的运行机制作为保障，特别是治理分享经济发展的经济外部性还需要设计符合各国国情的激励政策体系，考虑法律法规适应性，对分享平台进行包括税收、市场和安全在内的审慎监管以及诚信体系建设。

第二节　促进分享经济健康发展的政策激励

一、日美等国分享经济发展的相关政策

为了促进分享经济健康发展，许多国家和地区的政府在市场准入、业务价格与质量安全等方面对分享经济进行了管制与约束，但分享经济作为一种新兴的经济模式，这些政策对分享经济的激励还不能完全适应其发展需求。例如，日本政府对国内分享经济发展的管制比较严格，市场准入标准设置得过高，政府和市民对分享经济发展都显得过于谨慎，这也是阻碍日本分享经济发展的主要原因。美国政府则采取了与日本不同的发展道路，对分享经济发展持乐观态度，采取“市场先行，政策后动”的模式，行政不过多干预分享经济的发展，在尊重市场规律的基础上，更好地发挥联邦政府的政策激励作用，故以 Airbnb 和 Uber 为代表的分享经济模式在自由竞争市场环境下得以迅速发展，并在分享经济领域中独占鳌头，成为行业领跑者。

二、中国分享经济发展的政策激励

我国政府也高度重视分享经济的发展，将其作为供给侧结构性改革的重点之一。“十三五”规划纲要明确提出积极发展分享经济。2016 年《国务院政府工作报告》将分享经济作为提高资源利用效率，为人民群众的生活提供便利，促进经济转型升级的重要手段。此外，《关于促进绿色消费的指导意见》《国家

信息化发展战略纲要》《“十三五”促进就业规划》等文件将分享经济列为发展战略和规划的重要组成部分。2018 年《国务院政府工作报告》认为分享经济是经济发展的新业态和新模式。但由于分享经济发展过程中也存在一些经济外部性问题，2018 年 5 月，国家发展和改革委员会等部门联合发布《关于做好引导和规范共享经济健康良性发展有关工作的通知》，就发展分享经济等新业态、新模式提出明确要求，期望进一步完善政策激励和制度保障，加大对《关于促进分享经济发展的指导性意见》(发改高技〔2017〕1245 号) 的贯彻落实，努力营造推进分享经济健康良性发展的良好政策氛围。

第三节　经验借鉴：美国促进分享平台健康发展的法律适应①

一、劳资关系法律适应

“互联网 +”背景下分享经济中的劳资关系不同于传统经济中的劳资关系，传统劳资关系是指劳动者为雇佣方提供劳务以获取收入，而分享经济中的劳资关系则是资源闲置的一方通过分享平台为需要服务的另一方提供服务而取得收益，直接服务提供者和平台商以及服务需求者之间不存在法律上的雇佣关系，只是一种服务提供协议。在这种新型劳资关系下，通过分享经济从业的人群是否能够享有传统雇佣条件下劳动者同等的权益及保障，其中包括平等就业、获取劳动报酬、休息休假、接受职业技能培训、劳动安全卫生保护、提请劳动争议处理、社会福利和保险等方面的权利，还需要相关法律加以明确界定。目前通过互联网分享经济平台取得收入的从业者，除了享有获得应有的劳动收入权

① 本节的部分内容来源于：KATZ V. Regulating the sharing economy[J]. Berkeley technology law journal, 2015, 30: 1067-1126。

利外，其他诸如劳动安全卫生保护、社会福利和保险、提请劳动争议处理等方面的权利还没有明确的法律保障。

二、平台三方关系的法律适应

传统服务是提供商和消费者之间的双方关系，而分享平台创造了平台、服务提供商和服务消费者之间的三方关系。新的三方关系需要新的责任分配和法律保护，英美法系中特殊关系的现代法律框架不能很好地适应分享平台的发展。

英美普通法系中的特殊关系假定某些交易为消费者提出了特有的卫生、安全和财产的关怀，这些交易具有特定的卫生和安全风险，服务提供商相对于消费者而言在风险交易谈判中居强势地位，服务提供商是最低成本的规避者，能够对既定风险以最低成本去采取谨慎应对措施，因此，相对于消费者，服务提供商必须承担更多的责任和义务。正如销售者相对于消费者拥有更多的产品质量信息，消费者没有理由对现代制造过程的风险进行审视。现代的英美法律体制假定旅客和乘客等服务消费方都需要特殊保护，大多数司法辖区都规定了旅馆和出租车等服务提供商的非歧视性义务，但分享平台打乱了英美法系中特殊关系的一些基本假定。

除了英美法系中特殊关系规定外，现代法律框架还对分享平台提出了其他方面的挑战。首先，治理服务提供商的监管机构高度地方化，分享平台必须遵守市州和地方多个机构颁布的规则。其次，复杂的相关地方条款给服务提供商带来很高的遵从负担。短期租赁一般是由市级政府监管，但各州法律也会影响短期租赁平台。例如，佛罗里达州从2010年起禁止地方立法通过有关短期租赁的新约束。监管传统服务提供商的地方和市州法规很复杂，服务商遵从的成本也很高。对短期租赁来说，相关的地方法规包括住宅区限制、卫生和消防条款、短期资产使用税、营业执照和许可制度等。这些条款可能也会影响每个经营住宅租赁的承建商。而出租车必须遵守详细的监管法规，包括计费办法、准运区域、车辆检查、司机背景调查以及执照许可等制度。虽然这些法规的执行是在本地，但负责调查是否偏离城市分区和卫生条款的机构也可能有一些限制性的条款。高度地方化和具体化的规制框架对分享平台提出了挑战，特别是对一些全国范围内经营的分享平台更为不便。

为了澄清一些阻碍分享服务发展的地方性法规或竞争性法规，分享平台必须倡导城市之间的改革。即使市州已经针对分享平台立法，每个辖区也采取了不同的方法，因此分享平台必须适应一个更宽区域的监管解决办法。出台分享经济规制也会带来利益集团之争。大多数辖区对监管分享平台采取了“实验”的方法，很多利益集团也会影响政策的形成过程。美国有些地方监管者试图用已有法规去规范分享平台。实践经验表明，对分享平台采取简单的禁止态度，监管者并没有取得成功。但越来越多的市州通过修订已有法规或者制定新的法规，使分享平台合法化。例如，对短期住宅租赁的业主提出了为客户准备足够车位、对邻居减少噪音、开征临时营业税等明确的责任要求，对网约车制定了新的法规条文。不管州政府和地方政府是禁止分享平台还是使分享平台合法化，监管机构都必须制定执行新法规还是适应旧法规的战略。监管分享平台往往比为分享平台立法更难。

三、隐私保护与数据垄断的法律适应

基于“互联网 +”背景的分享经济模式，消费者通过互联网在线平台进行服务消费必然要在互联网平台上提供自己的姓名、手机号、身份证号和消费偏好等私人信息。在私人信息能成为隐性经济价值的互联网经济时代，消费者权益保护不到位，致使个人隐私信息被出售或者泄露，会给消费者日后的生活带来诸多不便且有一定的安全隐患。然而，在分享经济发展过程中，信息泄露、人身财产安全威胁、维权举证困难等问题层出不穷。在促进分享经济健康发展的过程中，消费者隐私信息保护、人身财产安全保护、维权保障以及防止利用

分享经济模式和分享平台进行经济诈骗等问题不可避免，亟需出台相关的法律来规范平台设立、平台的数据垄断以及消费者的隐私保护（Sinclair，2016）。

第四节　促进分享经济健康发展的税收监管

一、分享经济税收监管存在的问题

第一，“互联网 +”背景下分享经济模式涉及业务范围广，交易主体多，流程较为复杂。比如使用滴滴出行，消费者需先通过微信或支付宝等第三方移动支付平台支付费用，微信和支付宝等支付平台按一定比例扣除手续费，然后将剩余款项转入滴滴公司（分享经济平台）账户，滴滴公司再按一定比例抽成，扣除抽成后的款项才会支付给滴滴司机（资源的直接供给方）。在整个交易过程中，微信、支付宝、滴滴公司以及滴滴司机发生了应税行为，获得了应税收入，理论上三者都应被认定为纳税主体。但在税务机关进行税务登记的只有分享经济平台和支付平台这类从事生产经营、提供服务的企业；而服务的直接提供方，只需要在分享经济平台上进行网上注册就可以开始运营，没有被直接认定为应税主体。

第二，由于分享经济涉及业务范围广，且无轻重主次之分，因而无法对分享经济的行业界限进行清晰的划分，也就使得其征税对象以及税目的划分工作难以进行。以滴滴出行为例，消费者支付的费用由支付宝或微信等第三方支付平台、滴滴公司以及滴滴司机分得，由于不能界定分享经济平台上的产品和服务到底是由平台直接提供还是由个人提供后平台作为媒介进行传递，所以没有明确征税对象到底是哪种类型的服务，且很难区分滴滴司机的全职与兼职之分，与网约车平台的劳务关系这些细分信息并不完善，也就使得其取得的收入不能明确其征税税目，也不能明确其适用税率。

第三，一个新行业或者说一种新经济的诞生，尤其是当其处于行业发展的初创期或成长期时，国家对它的运营形式和发展规律都还处在不完全了解的状态，更何况它还打破了传统经济模式，因此国家需要对其进行长期的摸索与探究，通过不断适应调整，才能为其建立最适应其运营形式和最合理有效的税收体系。由于分享经济融合了增值业务、租赁业务、交通运输业务等较多的业务类型，且最近几年才在我国出现与发展，因此对我国分享经济的整体经济形态无法进行明确的划分，也就使得与分享经济有关的税收法律法规制定不完善。2017 年分享经济市场交易额约为 49 205 亿元，参考已有学者估算的 13% 的税收流失率（郝春虹，2004），2017 年分享经济的税收流失约为 6 396.65 亿元，流失规模较大。

第四，分享经济随着互联网的普及实现了跨区域交易，灵活性高，但也带来了一些税收征管问题。一方面，税款缴纳地与税源发生地的不一致会引起各地区之间的税收差距拉大，进而可能加大各地区对税收管辖权的恶性竞争，且一般税收管辖权的冲突会引起重复征税问题；另一方面，由于各地区的网络设施健全程度不同，信息共享程度参差不齐，从网络设施基础差、信息比较闭塞的地区获取的交易信息会产生不完全或有漏洞的情况，使得税收征管信息分散且不完全，从而加大税收征管难度。“互联网 +”背景下分享经济采用无纸化交易，交易信息以电子数据形式生成，且这种形式下的交易一般没有现场发票，发票索取存在一定的时滞，因而容易发生篡改。在一般情况下，现场发票等原始凭证是税务稽查不可或缺的重要依据。因此，分享经济借助互联网进行无纸化交易虽然为交易双方提供了便利，提高了整个交易过程的效率，但同时也为税务稽查和监督带来了不确定性。

二、进一步完善分享经济税收征管

欧美发达国家分享经济的税收征管对我国如何进行分享经济征税有很好

的启示。例如，2014 年 10 月起，Airbnb 在其平台上以 14% 的税率向短期房客征收“临时占用税”。2017 年 11 月，由于 Airbnb 能带来超高营业收入，新西兰皇后镇市议会决定向这些短租房业主收税，每年整租超过 28 天就需要缴纳相关的税费。2017 年 12 月，美国国会联合税务委员会（JCT）也在解决与自由从业者有关的税收立法问题。2018 年 1 月 29 日，Airbnb 平台宣布将向法国有关的地方行政单位缴纳该平台 2017 年在全法国向房客收取的总额 1 350 万欧元的住宿税。这些都为我国分享经济税收征收提供了宝贵经验。

(1) 增加纳税主体。

“互联网 +”背景下的分享经济模式主要有三大纳税主体，分别是分享经济平台、第三方移动支付平台和产品与服务的提供者。一方面，从分享经济平台的运营方式来看，分享平台应作为企业所得税的纳税主体，按照税法的规定及时向税务机关报送平台收入所得情况，按期预缴税款，到期进行汇算清缴。另一方面，从中间平台来看，中间平台在分享经济的运行过程中发挥着载体作用，可以从法律上赋予其代扣代缴部分税款的义务以及责任：中间平台应该及时向税务机关递交相关交易主体的登记注册信息及个人身份信息等，并通过建立相应的信息传递机制，明确法律责任义务（杨金亮 等，2017）。移动支付平台在分享经济运行过程中通过代收款项并按比例收取手续费来获得利益，是其转账业务的一部分，应作为企业所得税的纳税主体。而产品与服务的提供者，即资源提供者既可以自己到税务机关进行税务登记缴纳税款，也可以与分享经济平台签订协议，让平台代收代缴税款。以滴滴司机为例，滴滴司机就可以与网约车平台签订劳务协议，让平台为其代缴个人所得税税款。

(2) 明确征税对象及划分税目。

第一，根据合同类型明确征税对象。于资源供给商来看，如果供给商与分享经济平台签署了劳动合同，就应该按照劳动合同规定的工资薪酬缴纳个人所得税；如果供给商提供的服务是由第三方劳务公司调配的，由第三方劳务公司按签订了的劳动合同约定支付工资薪金，资源供给方按所得的工资薪金缴纳个人所得税。如果资源供给者与平台和第三方签订的是劳动合同以外的合同，则按劳务报酬缴纳税款。如果未签订任何合同，也应该要求资源供给方按照个体工商户所得缴纳一定的税款。

第二，根据经济活动的主要性质划分税目。我国税法按照传统的经济分类方法对各类有明显界限的经济活动进行税目划分并征税，但是分享经济的经营活动较为新颖和独特，融合了多个行业的特点，因此很难运用传统的划税方法将分享经济的业务划入某一具体的税目。对于分享经济平台来说，虚拟平台只是一个媒介，当它为资源供需双方提供有效信息时，平台需要按提供信息服务缴纳增值税，即将其划分到增值税中的现代服务业税目。但如果是分享经济平台直接提供满足消费需求的服务，平台就不能按照信息服务缴纳增值税，可能是增值税中的有形动产租赁税目或可能是陆路运输服务税目，总之，按其提供服务的具体性质划分。

(3) 完善税收法律体系。

分享经济作为新兴经济模式，现行税法未明确要求其纳税，因此，一方面在不违背宪法的前提下，应根据宪法中有关税收的规定对税收法律体系进行完善；另一方面，税收法律体系是以税收法律制度为基础的，应尽快制定分享经济有关的税收法律制度，并出台涵盖税收征纳流程如税务登记、账簿和凭证管理、发票管理、纳税申报、税款征收、税务检查等环节的实施细则，在保证国家财政收入的同时，能给纳税主体一个公平公正的纳税环境。税法还应与其他法律相衔接。税法有其自身的特点和规律，但作为法律体系中的一员，必然要与其他法律相互衔接、相互协调。行政法、民法、商法、刑法、民事诉讼法等均与税法存在着千丝万缕的联系。因此，完善税收法律体系就要在行政法、民法、商法、刑法、民事诉讼法等法律法规中纳入有关分享经济的内容，在“互联网 +”背景下，保障分享经济税收问题的处理都有法可依。

(4) 健全和完善分享经济的纳税监管机制。

第一，健全纳税监管机制，提高监管水平。据测算，中国中小企业每年用于纳税事务的平均时间为259小时，高于251小时的全球平均水平，这项数据表明中国的中小企业按照纳税事务流程的时间成本较高。分享经济作为一种新经济模式，有关企业才刚刚起步不久，经营规模不大，传统的征收体制和纳税流程不适用于业务融合性较高的分享经济行业，会给其纳税人带来较大的时间花费。同时，由于分享经济业务的流动性强，对分享经济业务的税收没有明确且合理的规范，很容易使纳税主体在税收制下多征、重征或者漏征，给国家和个体企业带来损失。

因此，健全和完善分享经济的纳税监管机制刻不容缓。首先，针对分享经济的行业包容性，要先确定分享经济的每个经济活动所包含的税种，将每类税种分项监管，不定期的派专门的人员进行检查与核对。其次，针对纳税主体偷税逃税问题，先从思想上要对其进行税法法律教育，使其意识到按时主动缴税的重要性和偷税逃税的严重性；再从行动上采取措施，对于无法采集到的纳税主体的信息，可以与有关部门联合，实现纳税主体信息的共享。例如，对于无法采集到完整信息的网约车司机，税务部门可以与公安部门和交通部门联合，实现车辆信息的共享。除此之外，为了防止国家税收的大量流失，可以实行第三方或注册平台代扣代缴税款。最后，对于信息流通问题，各地区要加强网络基础设施的建设，开发和建立各自的网站，做好税务部门与纳税主体的沟通，消除信息不对称的影响，使分享经济企业能及时准确地获得税收信息和税法政策，税务部门及时接收纳税主体的反馈与意见，从而便于加强信用监督管理。

第二，积极开展纳税评估，有效提高征管水平。税源管理部门应建立专门的税务评估部门，深入了解纳税人的纳税情况，并对不同经济时期的纳税情况进行纵向比较，与同行业不同纳税主体进行同期的横向比较，或以某一具有代表性的分享经济企业为标准，分析、测算被评估企业的实际纳税情况，评估实际纳税情况与应纳税情况的差额，评定各分享经济企业不同的信誉等级及纳税能力等级，从而采取不同的监管和征管办法。对评估等级低的分享经济企业严格征收征管，对于评估等级高的企业，可以给予奖励激励。纳税评估是一种有组织、有计划的行动，其实施具有针对性，能够有效提高征管效率。同时，也能及时发现问题、采取措施，从而解决税收监管和征管过程中的问题，是指导税收征管工作的基础。

第五节 促进分享经济健康发展的诚信体系建设

分享经济就其实质上来说是一种信用经济。当分享经济陷入信用危机的困境，分享经济的业务无法开展，其发展就必然受到阻碍。例如，日本政府和公民对待分享经济都显得十分谨慎，这反映出了日本国家领导人及其民众对分享经济的不信任，当人们对分享经济产生怀疑时，使用分享经济的频率就会降低，进而影响周围人对分享经济的态度，问题由小变大，进而在全国范围内对分享经济的发展产生影响。在俄罗斯，分享经济也是通过互联网发展起来的，由于监管方面的不到位，一些人利用分享经济乘虚而入，搅乱市场，进行欺诈，导致公众对分享经济的信任度降低，使得分享经济陷入信用危机的困境，更加阻碍了俄罗斯分享经济的发展（Täuscher et al.，2017）。

一、健全信用体系

健全的信用体系是分享经济发展、运行的基础，基于根植于社会信用体系的信用制度、交易规制和约束法制，能够保障分享经济的健康发展。然而，近几年我国“互联网＋”分享经济快速发展，社会信用体系的建设迎合不了分享经济对信用体系的高标准严要求。要改善这些问题，可从以下两方面着手。

一是建立全国性的网络征信系统。在互联网大数据时代的今天，建立网络征信系统十分必要，网络征信系统的建立对分享经济的发展有很大帮助，如芝麻信用、腾讯征信等网络征信机构，这些网络征信机构在分享经济的发展过程中起着越来越重要的作用。但这些机构都存在着信用信息共享壁垒的问题，并没有实现全国范围内的信息数据共享，这就需要建立全国性的网络征信系统，在全国范围内实现用户信用信息的完全共享。

二是制定失信惩戒制度，提高失信成本。目前，我国国民的信用意识都较薄弱，整个社会的信用制度建设都还不成熟，失信成本太低，人们在失信时会衡量失信成本和失信能够带来的利益，当失信带来的利益远远大于失信成本时，就会选择失信，这就导致了失信惩戒的威慑力不够，不能引起人们的重视，约束不了人们的行为，影响分享经济的健康发展。

二、行业监管体系

“互联网 +”背景下，分享经济的发展不仅要依靠政府的监管和政策法规的支持，其自身也要加大行业监管。如何加大行业监管？这就需要各分享经济平台努力做到自律，加大自身平台运营活动的管理，制定完善的监管制度，形成特有的分享经济监管体系，具体有以下三方面做法。

一是对参与者的管制。这不仅要求对从业者上岗培训平台工作规范、有关法律法规、职业道德的内容，还要与消费者形成约定，要求其遵守行业规范。只有当从业者的职业素质得到提升，才能为顾客带来更优质的服务，同时，消费者遵守规范也会使分享经济行业得到更好的管理。

二是形成行业组织。2015 年 3 月，英国商务部组织全英国最有影响力的 20 家分享经济企业成立了一个分享经济行业组织——SEUK，该组织目标有 3 个，分别是倡导分享经济、制定准则、寻找对策。我国分享经济正处于高速发展时期，可以借鉴英国的成功经验，成立关于分享经济的行业组织，充分发挥行业组织的作用，制定一系列分享经济行业准则，以促进分享经济的快速发展。

三是与政府监管互补。政府监管离不开行业组织的支持，同时，行业组织也离不开政府监管的保障，二者相辅相成，互为补充。一旦离开政府监管，行业组织就没有法律的保障，发挥不了应有的效力。因此，行业组织要与政府监管结合起来，以达到监管分享经济发展的目的。

本章小结

促进分享经济健康发展需要平衡好各方利益。政府出台的法律法规既要能保护好分享经济的参与者，也要能保障无辜的第三方。地方政府对于如何监管分享经济也要考虑公共利益之间的平衡，因为分享服务既可以带来大量的税收收益，也可能扰乱已有的相关服务市场秩序，如对消费者存在安全隐患等。我国分享经济的发展不仅要探析规律、规制方式，也要引导鼓励创新、适时监督，营造适宜分享经济发展的环境。从职能部门来看，既要创造适度宽松的环境促进分享经济的发展，也要及时、妥善处理发展模式中滋生的纠纷；既要加快公共数据开放环境建设、准入条例制定，也要完善新业态发展的信息保护机制和社会保障机制。

第十章　总结性评论与研究展望

第一节　总结性评论

分享经济作为一种新的商业模式，是互联网技术创新在产业互联网领域的重要应用。这种商业模式的主要特点就是利用新一代信息技术构建互联网产业平台，通过平台的资源集聚和高速计算功能迅速实现产品和服务的供需精准匹配。分享经济模式的运用和推广有利于整合闲置和分散资源，实现资源的高效利用与经济价值，这对于推进创新发展、协调发展、绿色发展、开放发展和共享发展具有十分重要的意义。

分享平台作为分享经济的直接载体，在服务业领域应用非常广泛，已经涉及住宿餐饮、零售批发、交通出行、健康医疗、教育培训、金融保险、养老托幼、科技信息、房产租赁、人力资源与公共管理等各个领域，产生了巨大的经济效益和社会效益。

分享经济模式作为一种新的商业模式，在诞生初期，由于影响到相关传统行业的在位者利益，其发展受到一定的制约。但实践证明，这种新商业模式只是技术创新的产物，传统行业和新兴行业都可以利用，不存在新旧商业模式的本质冲突和对立，只是利用方式和利用程度的不同而已。

但这种商业模式的出现也确实给行业监管带来了影响和冲击，典型表现为分享经济商业模式利用主体的复杂性。个体经营者和公司企业都可以运用分享经济模式来实现闲置资源的经济价值或商业利润。但对个体经营方式和公司运行方式的监管要求是不完全相同的。个体经营方式无法实现规模经济、范围经济和网络经济，而公司运营则容易实现规模经济、范围经济和网络经济。这两种经营模式存在本质属性的差别。因此，个体经营和公司运营在政策适应方面应该存在差别。总体而言，个体经营应该按照传统个体工商户的监管方式进行对待，而公司运营应该按照服务企业的监管方式进行对待。

分享经济作为一种新的商业模式，不管是个体经营还是公司运营，相对于传统的商业模式，也有不同之处。最大的不同在于这种商业模式是基于分享平台运行的。分享平台是一种典型的双边平台，除了传统的产品或服务的提供商和消费者外，还存在平台中介商。双边平台的盈利模式是基于对消费者的高定价来补贴产品或服务提供商和实现公司利润目标。这就涉及产品或服务提供商、消费者和平台商三方的责、权、利之间的规定和平衡问题。对于消费者而言，其基本的义务是对提供的产品或服务付费，既包括对产品或服务提供商付费，也包括对平台商付费，其基本的权利就是要保证其消费安全，包括产品和服务的质量安全、人身和财产安全、用户信息安全等。对于产品或服务提供商而言，即基本的义务就是保证其提供的产品或服务质量，其基本的权利就是要实现其提供的产品或服务的经济价值。对于平台商而言，其基本的义务是要保证消费者、产品或服务提供商的交易安全，其基本的权利是收取中介服务费。

因此，针对产品或服务提供商、消费者和中介平台商不同的权利和义务，监管者对三方的监管要求是不同的。消费者要履行诚实守信和及时付费的义务，按照消费者权益保护法、公民基本道德规范和相关的法律法规条款进行监管。产品或服务提供商按照消费者权益保护法、个体工商户经营条例、公司经营法或相关的法律法规条款进行监管。由于平台商很容易形成市场势力，因此对于平台中介商的监管既要适应于一般的反垄断法，更要制定特定的平台商运营监管条例。虽然允许地方制定适应本地市场实际的监管条例和法规，但总体上应该不存在市场监管的地方保护主义，促进从业者的公平竞争和分享经济模式的健康运营。

第二节　研究展望

新一代信息技术革命还在不断继续，其对产业发展的影响还会出现新的变革。从互联网技术创新对于产业发展的已有影响而言，从最初的消费互联网已经进入到了产业互联网时代。最初的互联网技术主要运用于服务消费领域，主要表现为互联网与传统服务行业的深度融合。现在的互联网技术除了在服务消费领域的深度融合以外，在生产领域也得到了广泛的应用，更主要的是新一代互联网技术推动了生产和服务的深度跨界融合，生产和服务的边界可能不再清晰，制造服务化更成为常态，平台服务消费很可能出现新的应用场景。

特别是人工智能和区块链技术在传统服务行业推广运用，有可能改变平台服务消费的运行模式或者提升平台服务消费的质量。可能的途径是区块链技术能够改变平台数据的中心化存储模式为分布式储存。消费者、产品或服务提供商与平台中介商可以平等地进行数据处理和数据运用，打破平台商的数据垄断地位。三者之间的交易信息更为公开和对称，这能够有效破解由于信息不对称导致的道德风险和逆向选择行为，在一定程度上可以解决三方失信行为可能导致的交易不安全问题，从而进一步提升平台服务消费的质量。当然，其中的内在机理和治理机制需要专门的课题进行深化研究。

参考文献

◎ 安德森，2006. 长尾理论 [M]. 乔江涛，译 . 北京：中信出版社 .

◎ 安宇宏，2015. 分享经济 [J]. 宏观经济管理（11）：84.

◎ 蔡斯，2015. 共享经济：重构未来商业模式 [M]. 王芮，译 . 杭州：浙江人民出版社 .

◎ 蔡余杰，黄禄金，2015. 共享经济 [M]. 北京：企业管理出版社 .

◎ 陈兵，2019. 互联网平台经济发展的法治进路 [J]. 社会科学辑刊（2）：155-159.

◎ 程大中，2006. 中国生产者服务业的增长、结构变化及其影响：基于投入 - 产出法的分析 [J]. 财贸经济（10）：45-52.

◎ 程大中，2008. 中国生产性服务业的水平、结构及影响：基于投入 - 产出法的国际比较研究 [J]. 经济研究（1）：76-88.

◎ 程大中，2009. 收入效应、价格效应与中国的服务型消费 [J]. 世界经济（3）：14-25.

◎ 程大中，2010. 中国服务业与经济增长：一般均衡模型及其经验研究 [J]. 世界经济（10）：18.

◎ 程华，宝贡敏，2003. 网上购物意向决定因素的实证研究 [J]. 数量经济技术经济研究（11）：150-153.

◎ 董萍，2015. 工业互联网助推中国服务业升级 [J]. 企业经济（3）：10-13.

◎ 范超，刘晓倩，2018. 服务业发展的国际比较研究 [J]. 调研世界（3）：8-15.

◎ 符平，李敏，2019. 平台经济模式的发展与合法性建构：以武汉市网约车为

例 [J]. 社会科学 (1): 76-87.

◎ 高帆，2007. 交易效率的测度及其跨国比较：一个指标体系 [J]. 财贸经济 (5): 104-110, 129.

◎ 高广波，2017. 产品质量信息的政府供给：模型与政策 [D]. 上海：华东师范大学 .

◎ 高恺，盛宇华，2018. 区域性农产品电商平台使用意向影响因素实证研究 [J]. 中国流通经济，32 (1): 67-74.

◎ 郭家堂，骆品亮，2016. 互联网对中国全要素生产率有促进作用吗 ?[J]. 管理世界 (10): 34-49.

◎ 郝春虹，2004. 中国税收流失规模估测 [J]. 中央财经大学学报 (11): 12-16.

◎ 何仲，张念照，吕廷杰，2013. 信息过载环境下网络消费者购买意愿的形成研究 [J]. 价格理论与实践 (4): 95-96.

◎ 胡春，王路远，2018. 共享服务消费者参与意愿影响因素研究 [J]. 北京邮电大学学报 (社会科学版), 20 (2): 10-17.

◎ 黄天龙，罗永泰，2015. 互联网服务业平台式泛服务化创新内涵与模型构建 [J]. 财经问题研究 (3): 24-32.

◎ 霍尔，罗森伯格，2017. 创新经济学手册 [M]. 上海市科学学研究所，译 . 上海：上海交通大学出版社 .

◎ 江小涓，2017. 高度联通社会中的资源重组与服务业增长 [J]. 经济研究，52 (3): 4-17.

◎ 姜奇平，2015 “互联网 +” 与中国经济的未来形态 [J]. 人民论坛 • 学术前沿 (10): 52-63.

◎ 荆林波，李蕊 . 中国服务业的发展水平、结构变化与增长趋势及国际比较 [J]. 产业经济研究，2008(01): 1-7.

◎ 李淑娟，2015. 信息技术服务业创新发展的影响因素与对策研究 [J]. 中国软科学（2）：138-145.

◎ 李旭洋，李通屏，邹伟进，2019. 互联网推动居民家庭消费升级了吗？基于中国微观调查数据的研究 [J]. 中国地质大学学报（社会科学版），2019，19（4）：145-160.

◎ 李亚玲，2015. 分享经济的价值创造模式及其影响 [J]. 商业经济（10）：116-117.

◎ 凌超，张赞，2014."分享经济" 在中国的发展路径研究：以在线短租为例 [J]. 现代管理科学（10）：36-38.

◎ 刘国华，吴博，2015. 共享经济 2.0：个人、商业与社会的颠覆性变革 [M]. 北京：企业管理出版社 .

◎ 刘奕，夏杰长，2016. 共享经济理论与政策研究动态 [J]. 经济学动态（4）：116-125.

◎ 刘宇，2007. 外商直接投资对我国产业结构影响的实证分析：基于面板数据模型的研究 [J]. 南开经济研究（1）：125-134.

◎ 刘长玉，于涛，2015. 绿色产品质量监管的三方博弈关系研究 [J]. 中国人口 • 资源与环境，25（10）：170-176.

◎ 马化腾，等，2015. 互联网 +：国家战略行动路线图 [M]. 北京：中信出版社 .

◎ 迈克尔 · 波特，2007. 国家竞争优势 [M]. 李明轩，邱如美，译 . 北京：中信出版社 .

◎ 佩珀斯，罗杰斯，2014. 共享经济：互联网时代如何实现股东、员工与顾客的共赢 [M]. 钱峰，译 . 杭州：浙江大学出版社 .

◎ 彭晓博，王天宇，2017. 社会医疗保险缓解了未成年人健康不平等吗 [J]. 中国工业经济（12）：59-77.

◎ 彭玉婷，2010. 分工、交易效率与生产性服务业发展 [D]. 南京：南京财经大学 .

◎ 蒲成毅，潘小军，2012. 保险消费促进经济增长的行为金融机理研究 [J]. 经济研究（S1）：139-147.

◎ 萨丹拉彻，2017. 分享经济的爆发 [M]. 周恂，译 . 上海：文汇出版社 .

◎ 尚杰，2016. 自媒体传播存在的问题及对策浅析 [J]. 新闻研究导刊，7（6）：189-190.

◎ 施瓦布，2016. 第四次工业革命：转型的力量 [M]. 北京：中信出版社 .

◎ 史蒂文斯，1999. 集体选择经济学 [M]. 杨晓维，等译 . 上海：上海人民出版社，上海三联出版社 .

◎ 宋洋，徐英东，张志远，2019. 信息不对称条件下产品绿色质量虚假信息研究 [J]. 吉林大学社会科学学报，59（1）：146-155，222-223.

◎ 速途研究院，2015. 三季度中国众筹平台市场数据洞察 [N]. 计算机世界，11-23（42）.

◎ 王洪利，2018. 基于演化博弈的共享经济参与主体的行为分析 [J]. 经济与管理，32（2）：75-80.

◎ 王晓玲，孙悦，2015. 我国现代服务业借力“互联网 +”实现转型 [J]. 现代电信科技，45（4）：1-4.

◎ 王忠宏，2013. 全球技术创新现状趋势及对中国的影响 [J]. 发展研究（9）：4-8.

◎ 吴超，华佳敏，2019. 安全信息不对称下安全规制机制研究 [J]. 情报杂志，38（2）：110-115.

◎ 吴晓隽，方越，2016. 分享经济的挑战与政府管制变革的思考 [J]. 上海经济研究（9）：9-16.

◎ 吴旭云，龙睿，2017. 分享经济背景下的我国汽车租赁业发展路径探讨 [J]. 安徽商贸职业技术学院学报（社会科学版），16（3）：11-14.

◎ 夏杰长，瞿华，张颖熙，等，2014. 中国城镇居民服务消费研究 [M]. 北京：经济管理出版社 .

◎ 夏玉珍，杨永伟，2014. 网络化治理：公共服务供给模式的新路径 [J]. 甘肃理论学刊（3）：21-26.

◎ 向国成，李真子，2016. 实现经济的高质量稳定发展：基于新兴古典经济学视角 [J]. 社会科学（7）：57-63.

◎ 熊彼特，1991. 经济发展理论 [M]. 何畏，易家详，张军扩，译 . 北京：商务印书馆 .

◎ 徐从才，盛朝迅，2012. 大型零售商主导产业链：中国产业转型升级新方向 [J]. 财贸经济（1）：71-77.

◎ 徐盈之，张全振，2012. 能源消耗与产业结构调整：基于投入产出模型的研究 [J]. 南京师大学报（社会科学版）（1）：66-71.

◎ 颜冬，2017. 分工视角下的产业演进和城市扩张 [J]. 中国科技论坛（6）：43-52.

◎ 杨碧云，张凌霜，易行健，2014. 家庭服务型消费支出的决定因素：基于中国城镇住户调查数据的实证检验 [J]. 财贸经济，35（6）：122-136.

◎ 杨金亮，陈义忠，孔维斌，2017. 分享经济对税收的影响及税收应对 [J]. 税务研究（5）：46-50.

◎ 杨小凯，2003. 经济学：新兴古典与新古典框架 [M]. 北京：社会科学文献出版社 .

◎ 杨小凯，张永生，2003. 新兴古典经济学与超边际分析 [M]. 北京：社会科学文献出版社 .

◎ 尹一军，2016. 互联网消费金融的创新发展研究 [J]. 技术经济与管理研究（6）：67-71.

◎ 于斌斌，余雷，2015. 基于演化博弈的集群企业创新模式选择研究 [J]. 科研管理，36（4）：30-38.

◎ 曾世宏，高亚林，邹凭佑，2019a. 互联网普及促进公共服务消费升级的机理路径及其多重效应 [J]. 产业经济评论（4）：88-108.

◎ 曾世宏，高亚林，2016. 互联网技术创新驱动服务业转型升级的机理、路径与对策 [J]. 湖南科技大学学报（社会科学版），19（5）：123-127.

◎ 曾世宏，杨鹏，徐应超，2019b. 互联网普及与产业结构服务化：兼论乡村振兴战略中的农村服务业发展 [J]. 产经评论，10（1）：36-55.

◎ 曾世宏，杨鹏，2019c. 分享经济治理公共服务供给“缺口”的机理、路径与对策 [J]. 吉林师范大学学报（人文社会科学版），47（1）：69-76.

◎ 张二华，李春琦，吴跃进，2010. 医疗保险、医院寡头与医疗服务价格扭曲 [J]. 财贸经济（10）：100-105.

◎ 张国兴，高晚霞，管欣，2015. 基于第三方监督的食品安全监管演化博弈模型 [J]. 系统工程学报，30（2）：153-164.

◎ 张丽雅，宋晓阳，2015. 信息技术在养老服务业中的应用与对策研究 [J]. 科技管理研究（5）：170-174.

◎ 张帅，李晶，王文韬，2017. 分享经济背景下用户参与意愿影响因素研究：以微博问答为例 [J]. 图书馆论坛，37（9）：91-98.

◎ 张颖熙，2014. 中国城镇居民服务消费需求弹性研究：基于 QUAIDS 模型的分析 [J]. 财贸经济（5）：127-135.

◎ 郑君君，闫龙，张好雨，等，2015. 基于演化博弈和优化理论的环境污染群体性事件处置机制 [J]. 中国管理科学，23（8）：168-176.

◎ 郑勇军，李婷，2009. 技术创新、交易效率与专业市场制度演化 [J]. 科技进步与对策，26（4）：1-4.

◎ 朱海英，2017. 浅谈保险在分享经济风险管理中的作用 [J]. 上海保险（7）：49-51.

◎ 邹瑾，严瑜 . 基于用户行为的信息用户满意度模型探析 [J]. 情报科学，2014，32(02)：129-133.

◎ ADDA M, SAAD R, 2014. A data sharing strategy and a DSL for service discovery, selection and consumption for the IoT[J]. Procedia computer science, 37: 92-100.

◎ AJZEN I, 1991. The theory of planned behavior[J]. Organizational behavior and human decision processes, 50(2): 179-211.

◎ ANDROUTSOS A, 2011. Access link bandwidth externalities and endogenous Internet growth: a long-run economic approach[J]. International journal of network management, 21(1): 21-44.

◎ BARNES S J, MATTSSON J, 2017. Understanding collaborative consumption: test of a theoretical model[J]. Technological forecasting and social change, 118: 281-292.

◎ BARNES S J, MATTSSON J, 2016. Understanding current and future issues in collaborative consumption: a four-stage Delphi study[J]. Technological forecasting and social change, 104: 200-211.

◎ BELK R, 2014a. Sharing versus pseudo-sharing in Web 2.0[J]. The anthropologist, 18(1): 7-23.

◎ BELK R, 2014b. You are what you can access: sharing and collaborative consumption online[J]. Journal of business research, 67(8): 1595-1600.

◎ BENKLER Y, 2014. Freedom in systems[J]. Harvard law review, 127(8): 356-361.

◎ BERGH D D, KETCHEN JR D J, ORLANDI I, et al., 2019. Information asymmetry in management research: past accomplishments and future opportunities[J]. Journal of management, 45(1): 122-158.

◎ BOONS F, BOCKEN N, 2018. Towards a sharing economy-innovating ecologies of business models[J]. Technological forecasting and social change, 137(C): 40-52.

◎ BOTSMAN R, 2011. What's mine is yours: the rise of collaborative consumption [M]. New York: Harper Business.

◎ BRYNJOLFSSON E, HU Y, SIMESTER D, 2011. Goodbye pareto principle, hello long tail: the effect of search costs on the concentration of product sales[J]. Management science, 57(8): 1373-1386.

◎ BUERA F J, KABOSKI J P, 2012. The rise of the service economy[J]. American economic review, 102(6): 2540-2569.

◎ CHENG M, 2016. Sharing economy: a review and agenda for future research[J]. International journal of hospitality management, 57: 60-70.

◎ CHRISTINA, DANIELLI, COELHO, et al., 2015. Effects of the direction of turning on the timed up & go test with stroke subjects[J]. Topics in stroke rehabilitation, 16(3): 196-206.

◎ DAUNORIENE A, Drakšaitė A, Snieška V, et al., 2015. Evaluating sustainability of sharing economy business models[J]. Procedia-social and behavioral sciences, 213: 836-841.

◎ DAVIS F D, 1985. A technology acceptance model for empirically testing new end-user information systems: theory and results[D]. Cambridge: Massachusetts institute of technology.

◎ FELSON M, SPAETH J L, 1978. Community structure and collaborative consumption: a routine activity approach[J]. American behavioral scientist, 21(4): 614-624.

◎ FISHBEIN M, AJZEN I, 1977. Belief, attitude, intention and behavior: an introduction to theory and research[J]. Contemporary sociology, 6(2): 244-245.

◎ FITZROY F R, KRAFT K, 1987. Cooperation, productivity, and profit sharing[J].

The quarterly journal of economics, 102(1): 23-35.

◎ FORNELL C, JOHNSON M D, ANDERSON E W, et al., 1996. The American customer satisfaction index: nature, purpose, and findings[J]. Journal of marketing, 60(4): 7-18.

◎ FRENKEN K, SCHOR J, 2019. Putting the sharing economy into perspective: a research agenda for sustainable consumption governance[M]. London: Edward Elgar publishing.

◎ HAMARI J, Sjöklint M, UKKONEN A, 2016. The sharing economy: why people participate in collaborative consumption[J]. Journal of the association for information science and technology, 67(9): 2047-2059.

◎ HARVEY J, SMITH A, GOLIGHTLY D, 2017. Giving and sharing in the computer-mediated economy[J]. Journal of consumer behaviour, 16(4): 363-371.

◎ HOFMANN E, HARTL B, PENZ E, 2017. Power versus trust–what matters more in collaborative consumption?[J]. Journal of services marketing, 31(6): 589-603.

◎ HUMPHREY J, SCHMITZ H, 2001. Governance in global value chains[J]. IDS bulletin, 32(3): 19-29.

◎ HSIEH C T, ROSSI-HANSBERG E, 2019. The industrial revolution in services[J]. NBER working papers.

◎ JIANG B, TIAN L, 2018. Collaborative consumption: strategic and economic implications of product sharing[J]. Management science, 64(3): 1171-1188.

◎ KATZ V, 2015. Regulating the sharing economy[J]. Berkeley technology law journal, 30: 1067-1126.

◎ LAUTERBACH D, TRUONG H, SHAH T, et al., 2009. Surfing a web of trust: reputation and reciprocity on couchsurfing.com[C]//2009 International Conference on Computational Science and Engineering. IEEE, 4: 346-353.

◎ LEISMANN K, SCHMITT M, ROHN H, et al., 2013. Collaborative consumption: towards a resource-saving consumption culture[J]. Resources, 2(3): 184-203.

◎ LI Z, LIAO Q, 2014. Network pricing: can both ISP and P2P benefit?[J]. International journal of network management, 24:433-449.

◎ MATHEWS A E, LADITKA S B, LADITKA J N, et al., 2010. Older adults' perceived physical activity enablers and barriers: a multicultural perspective [J]. Journal of aging and physical activity, 18(2):119-140.

◎ MIYAZAKI A D, FERNANDEZ A, 2001. Consumer perceptions of privacy and security risks for online shopping[J]. Journal of consumer affairs, 35(1): 27-44.

◎ MÖHLMANN M, 2015. Collaborative consumption: determinants of satisfaction and the likelihood of using a sharing economy option again[J]. Journal of consumer behaviour, 14(3): 193-207.

◎ MORGAN B, KUCH D, 2015. Radical transactionalism: legal consciousness, diverse economies, and the sharing economy[J]. Journal of law and society, 42(4): 556-587.

◎ PERREN R, GRAUERHOLZ L, 2015. Collaborative consumption[J]. International encyclopedia of the social & behavioral sciences, 4: 139-144.

◎ PISANO P, PIRONTI M, RIEPLE A, 2015. Identify innovative business models: can innovative business models enable players to react to ongoing or unpredictable trends?[J]. Entrepreneurship research journal, 5(3): 181-199.

◎ PISCICELLI L, COOPER T, FISHER T, 2015. The role of values in collaborative consumption: insights from a product-service system for lending and borrowing in the UK[J]. Journal of cleaner production, 97: 21-29.

◎ RICHARDSON L, 2015. Performing the sharing economy[J]. Geoforum, 67: 121-129.

◎ ROSEN S, 1983. Specialization and human capital[J]. Journal of labor economics, 1(1): 43-49.

◎ SCARABOTO D, 2015. Selling, sharing, and everything in between: the hybrid economies of collaborative networks[J]. Journal of consumer research, 42(1): 152-176.

◎ SCHOR J, 2016. Debating the sharing economy[J]. Journal of self-governance and management economics, 4(3): 7-22.

◎ SINCLAIR M, 2016. Fair and efficient regulation of the sharing economy[J]. Economic affairs, 36(2): 204-211.

◎ SMITH J M, PRICE G R, 1973. The logic of animal conflict[J]. Nature, 246(5427): 15-18.

◎ SUN J, XU W, MA J, et al., 2015. Leverage RAF to find domain experts on research social network services: a big data analytics methodology with MapReduce framework[J]. International journal of production economics, 165: 185-193.

◎ SUNDARARAJAN A, 2013. From Zipcar to the sharing economy[J]. Harvard business review, 1(1): 1-2.

◎ TÄUSCHER K, KIETZMANN J, 2017. Learning from failures in the sharing economy[J]. MIS quarterly executive, 16(4).

◎ TUSSYADIAH I P, 2015. An exploratory study on drivers and deterrents of collaborative consumption in travel[M]//Information and communication technologies in tourism 2015. [S.l.]: Springer: 817-830.

◎ WANG Y S, WANG Y M, LIN H H, et al., 2003. Determinants of user acceptance of Internet banking: an empirical study[J]. International journal of service industry management, 14(5): 501-519.

◎ WEITZMAN M L, 1985. The simple macroeconomics of profit sharing[J]. The American economic review, 75(5): 937-953.

◎ YANG X, BORLAND J, 1991. A microeconomic mechanism for economic growth [J]. Journal of political economy, 99(3): 460-482.

◎ YANG X, NG Y K, 2015. Specialization and economic organization: A new classical microeconomic framework[M]. [S.l.]: Elsevier, 2015.

◎ YOUNG A A, 1928. Increasing returns and economic progress[J]. The economic journal, 38(152): 527-542.

◎ ZERVAS G, PROSERPIO D, BYERS J W, 2017. The rise of the sharing economy: estimating the impact of Airbnb on the hotel industry[J]. Journal of marketing research, 54(5): 687-705.

后　记

本书是根据本人主持的2016年国家社科基金一般项目（16BJY130）以及2018年湖南省自科基金面上项目（2018JJ2140）的结题报告以及匿名评审专家意见修改而成。该课题原本打算在2019年年底结题，课题结题报告早就写好，但由于2019年年底开始出现肺炎疫情，各项结题手续不能正常开展，一直拖到2020年9月才开始采用网络形式结题，幸好网络结题时结题材料没有在校外出现反复修改的情况，很顺利在2020年2月办完各项结题手续，并直接申报2021年国家社科基金重点项目，这本身就是互联网技术创新给公共服务供给带来的效率变革。我们应该为生活在互联网时代而感到高兴，因为它提高了服务消费效率。

整理修改本书稿时，又恰逢全国免费接种新型冠状病毒肺炎疫苗，这又是我国公共服务领域取得的重大成就，这得益于中国共产党的坚强领导和以人民为中心的执政理念。《中华人民共和国国民经济和社会发展第十四个五年规划和2035年远景目标纲要》中把增进民生福祉，提升共建共治共享水平作为重要的篇章写入。加快补齐基本公共服务短板，着力增强非基本公共服务弱项，努力提升公共服务质量和水平，这是下阶段我们进行社会主现代化建设进程中对公共服务提供的总要求，这就要求各级政府部门提高基本公共服务均等化水平，创新公共服务提供方式，完善公共服务政策保障体系。这些内容都在我的博士后出站报告，即修改后出版的第二本服务业专著《中国城市化进程中公共服务供给缺口的治理逻辑》中进行了比较深入的研究。

本书是关于公共服务领域研究的拓展和深化，更主要的是研究非基本公共服务领域的服务消费效率升级。研究的切入点是“互联网 +”背景下互联网技术创新带来的服务新业态和新商业模式对提升服务消费效率，促进服务消费升级的理论和实证研究。尽管课题组阅读了大量研究文献、展开了深入实地的调查，但由于研究水平有限，正如一位匿名评审专家反馈的意见所言：该课题所取得的研究成果还没有在国内外顶级期刊发表，没有在国内学术界产生重要反响。当然，这也是我们课题组的努力方向，任重道远，期望下阶段在服务经济领域取得国内顶级的研究成果。

本课题的顺利结题和书稿的完成，首先要感谢引领我进入学术殿堂的三位恩师。第一位是南京大学经济学院院长、博士生导师郑江淮教授，是恩师把我引入经济学殿堂。往事历历在目，感恩之情难于言表。考博之前，我没有受过经济学的正规训练，完全是靠兴趣和毅力坚持自学经济学10年。没有郑老师当年同意接收我报考南京大学经济学博士，我不可能接受到正规的经济学训练，也不可能在经济学领域继续打拼，更不可能成为经济学研究的学院派“正规军”。第二位是让我在服务经济领域继续深造的中国社会科学院财经战略研究院副院长、服务经济领域著名专家、博士生导师夏杰长教授，从夏老师那里总能获得关于服务业发展的前沿动态，这能够为自己的研究提供灵感和新鲜血液。更为重要的是两位恩师同门弟子的知识溢出，使我大开眼界，学习到了许多“默会”性知识，这能使自己的研究出现“内生性”增长。第三位恩师是苏州大学政治与公共管理学院的许冠亭教授，虽然他没有直接教我经济学知识，但恩师的宽容没有强迫我直接跟随他的研究方向进行硕士论文选题，但他教我了学问之道，且恩师温文尔雅、与世无争的待人处事方式一直在潜移默化地影响着我。我现在指导硕博研究生的方式和方法在很大程度受到恩师们的积极影响。

本课题的顺利结题和书稿的完成也凝结着我指导的硕士生和博士生们的

辛勤和汗水。本书可以说是我和他们通力合作的学术成果。我们几乎每周定期开展文献学习、课题讨论、论文写作和修改的督促与指导。这种坚持渐渐在学生们学术成长的道路上释放助跑的能量。硕士生高亚林协助我完成了序言和第七章内容的写作；硕士生杨鹏协助我完成了第四章和第八章内容的写作；硕士生刘迎娣协助我完成了第六章内容的写作；2019 级经济学本科生樊帆协助我完成了第五章内容的写作。其他内容主要由我和博士生钟纯负责写作和修改。此外，硕士生徐应超、邹凭佑、高晨和沙鸿儒也参与了课题的研究讨论或论文写作，但由于合作成果与本书的主题切合程度不高而未收录。在此，一并表示感谢！我也想借此机会对爱妻与岳父母表达忠诚的谢意，没有他们的理解、支持和帮助以及对家庭的默默奉献，我也不可能潜下心来专注于学术。

作为一名高校党员教师和科研工作者，谨以此书稿的出版向中国共产党第二十次全国代表大会献礼！

曾世宏